Unter dem Himmel der

TOSCANA

Luftbilder einer einzigartigen Landschaft

Von Guido Rossi seiner Mutter Cornelia gewidmet

Seiten 4–5: Die lieblichen toscanischen Hügel, in denen man jene »magische Atmosphäre« erlebt, die Henry James hingerissen schilderte.

Seite 6–7: Eine *strada bianca* schlängelt sich durch das Land, gesäumt von Zypressen: ein klassisches Bild der Toscana, wie es auch heute noch gültig ist.

Seite 8–9: Die Toscana scheint sich in ihren Farben und Formen aller Ausdrucksmittel zu bedienen, die ihre ganz spezifische Botschaft vermitteln, wie ein Materialbild.

Seiten 10–11: San Gimignano, eines der symbolhaftesten Bilder der Toscana. Das historische Stadtzentrum ist nahezu perfekt erhalten geblieben – als lebe die Stadt außerhalb der Zeit.

Die Deutsche Bibliothek – CIP-Einheitsaufnahmen
Unter dem Himmel der Toscana.
Luftbilder einer einzigartigen Landschaft. /
Guido Alberto Rossi; Giuseppe Grazzini.
[Übers. aus dem Ital.: Bruno Lill].– Köln: DuMont, 1991
Einheitssacht.: Toscana – vue du ciel <dt.>
NE: Rossi, Guido Alberto; Grazzini, Giuseppe; Die Toscana; EST

Übersetzung aus dem Italienischen: Bruno Lill

ISBN 3-7701-2828-1

Unter dem Himmel der

TOSCANA

Luftbilder einer einzigartigen Landschaft

Text von Giuseppe Grazzini
Fotografien von Guido Alberto Rossi

DuMont Buchverlag Köln

INHALT

Florenz in einem Druck des 18. Jahrhunderts. Es war eine glückliche Zeit für die Toscana. Mit dem letzten Medici, Gian Gastone, der 1747 starb, erlosch die berühmte Dynastie. Das Großherzogtum Toscana fiel im Austausch gegen das an Stanislaus Leszczynski abgetretene Lothringen an dessen Herzog Franz Stephan, den Gatten Maria Theresias. Mit den Habsburgern begann eine Epoche lebhafter ökonomischer Initiativen und breiter administrativer Reformen. Peter Leopold, der Nachfolger von Franz Stephan, der 1756 den großherzoglichen Thron bestieg, begann das große Werk der Trockenlegung sumpfiger Gebiete.

GESCHICHTE UND LANDSCHAFT

Willkommen in der Toscana! Oder besser: in Etrurien! Diese Unterscheidung ist wichtig. Wenn man ›Toscana‹ sagt, dann meint man die Region Italiens, die genau auf halber Strecke zwischen dem westlich ausgerichteten Norden und dem meridional ausgerichteten Süden liegt: Hieraus kann der Fehler erwachsen, die Toscana als ein Land des Übergangs und des Kompromisses zwischen diesen beiden Teilen Italiens, die immer unterschiedlich bleiben werden, zu verstehen. Wenn man hingegen ›Etrurien‹ sagt, so bleibt zwar das Territorium dasselbe, aber man meint etwas anderes. Etrurien war das Reich der Etrusker, ein Volk, über dessen geheimnisvolle Ursprünge noch wenig bekannt ist – außer der Feststellung, daß die Etrusker zu keiner der anderen italienischen Kulturen gehörten.

Genauso sicher ist, daß sich die etruskische Macht zwischen dem 7. und dem 6. Jahrhundert v. Chr. über einen großen Teil Italiens, von der Poebene bis nach Kampanien, ausdehnte: Etruskisch waren Städte wie Fèlsina (später Bononia und schließlich Bologna genannt); wie Spina an der Mündung des Po in die Adria; wie Capua, südlich der südlichen Grenze Latiums. Von den etruskischen Häfen Caere (heute Cerveteri), Tarquinia, Vulci, Vetulonia und Populonia fuhren ihre Schiffe durch das Mittelmeer und machten den Phöniziern, den Griechen und den Karthagern die wirtschaftliche und strategische Vorherrschaft streitig. Die italischen Völker verbanden sich unter der Führung der Etrusker zum letzten, verzweifelten Widerstand gegen die römische Eroberung, die erst im 1. Jahrhundert v. Chr. wirklich abgeschlossen war.

Siena in einem Druck des 17. Jahrhunderts. Die Stadt verdankt ihren Namen den keltischen Senonen, die sie auf den Resten einer etruskischen Niederlassung neu gründeten. In der Darstellung sieht man die Stadt so, wie sie nach der Zerstörung durch ein Heer von 24 000 deutschen, spanischen und italienischen Soldaten 1554 im Auftrag Gian Giacomos de' Medici, der Siena zwei Jahre lang belagert hatte, wieder aufgebaut wurde.

Die Etrusker haben ihre Geschichte, auch als sie zu ›Tusci‹ in der Bezeichnung der Eroberer und später zu ›Toscanern‹ wurden, in Erinnerung behalten. Es gibt sogar unverwechselbare somatische Züge: Noch heute spiegelt ein gewisser Typ des toscanischen Mannes – spitze Nase, lange Nasenlöcher, feine und leicht verächtliche Lippen – Charakteristika der 3000 Jahre alten etruskischen Statuen wider. Daher ist die Toscana niemals ein Land des Übergangs zwischen Nord- und Süditalien gewesen. Sie ist vielmehr stolz auf ihre Individualität und schaut mit Selbstgefälligkeit auf den Rest des Landes. Die manchmal auftretende Arroganz der Toscaner ist vielleicht der am wenigsten angenehme Zug in den Beziehungen zwichen den Toscanern und ihren Landsleuten im übrigen Italien.

Wahr bleibt jedenfalls, daß die italienische Sprache in der Toscana entstand, wo das *Volgare* (d. h. die Umgangssprache im Gegensatz zum Latein), das auf dem zerfallenen Spätlatein aufbaute, seinen höchsten literarischen Ausdruck fand. Auch die sizilianische Dichterschule, die im 13. Jahrhundert in Palermo am erlesenen Hof Friedrichs II. von Hohenstaufen blühte, machte dieselbe Entwicklung durch, aber die »Göttliche Komödie«, das größte literarische Werk Italiens, stammt von Dante Alighieri, einem Florentiner, nicht von Jacopo da Lentini oder von Cièlo d'Alcamo. Diese Vorrangstellung wurde nie, auch nicht von Schriftstellern anderer regionaler Herkunft, in Frage gestellt. Noch im 19. Jahrhundert zog der Mailänder Schriftsteller Alessandro Manzoni nach Florenz; dort korrigierte er seinen großen Roman »I promessi sposi« (»Die Verlobten«) anhand des Toscanischen und erkannte diese Sprache somit als einzigen vollkommen legitimen Ausdruck der Nationalsprache an.

Der toscanische Individualismus veränderte sich im Laufe der Zeit nicht. Vom Zerfall des Weströmischen und des Oströmischen Reiches über die Barbareneinfälle bis zum Entstehen der freien und unabhängigen Städte blieb dieser Individualismus derselbe. Die hoffnungslose und unaufhaltsame politische Aufsplitterung der Toscana ist geradezu die Folge des Individualismus der einzelnen Städte, der Stadtviertel, der Familien in den Vierteln, der Mitglieder dieser Familien. Diese ganze Aufsplitterung hat zu den Kriegen zwischen den Städten, zwischen den Parteiungen in derselben Stadt und sogar innerhalb derselben politischen Strömung geführt. Dies galt für die weißen und die schwarzen Guelfen von Florenz; Verschwörungen, Verrat und mühsam ausgehandelte Friedensverträge nach fürchterlichen Gemetzeln lösten einander ab. Auf diese Art machte man sich die Regierungsgewalt gegenseitig streitig. Dabei war es einerlei, ob man sich mit oder gegen die früheren Verbündeten stellte. Diese Auseinandersetzungen dienten natürlich alle dem Vorteil der ausländischen Invasoren. Nur mit dem Aufstieg der großen Herrschaftshäuser – in der Toscana mit den Medici – waren Zeiträume der Stabilität möglich, die zwar nie lange genug dauerten, aber die erstaunliche Qualität der Literatur, der Künste und der Naturwissenschaften ermöglichten. Die Geschichte wiederholte sich, als Italien – zumindest auf dem Papier – die staatliche Einheit erreichte, für die Florenz als Hauptstadt den höchsten symbolischen Wert repräsentieren sollte. Aber auch diese provisorische Beförderung zur Hauptstadt – Florenz blieb es nur von 1865 bis 1871 – veränderte nichts am Individualismus der Nachfahren der Etrusker.

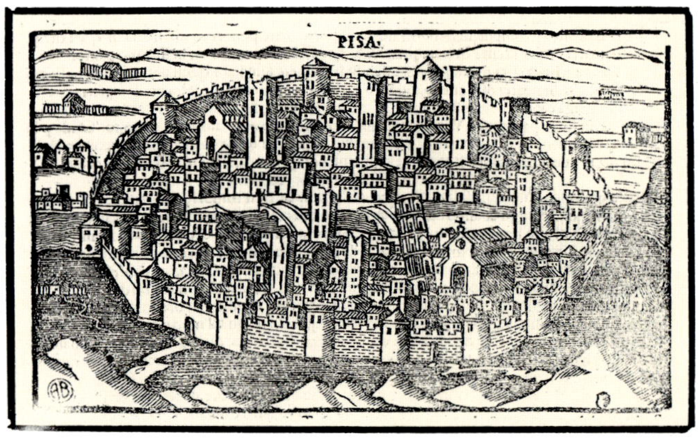

Pisa in einem alten Druck. Einige Forscher behaupten, die Stadt sei von Händlern aus Phokis zwischen dem 7. und dem 6. Jahrhundert v. Chr. gegründet worden. Andere Forscher meinen, sie sei eine Gründung der Ligurer, wieder andere, sie stamme aus der Epoche der Etrusker. Pisa hatte als Hafenstadt schon in römischer Zeit eine große Bedeutung. Ihre ruhmreichsten Jahre liegen jedoch zwischen 1000 und 1284, als ihre Flotten einen Großteil des Mittelmeeres beherrschten. Der Verfall begann 1284, da Pisa in diesem Jahr von dem rivalisierenden Genua in der Schlacht von Meloria besiegt wurde.

Von damals bis heute hat sich die Toscana unter vielen Gesichtspunkten verändert, nicht aber der Charakter der Bewohner, die immer gleichermaßen aufbrausend, spöttisch, streitsüchtig, aber auch genial, d. h. in liebenswerter Weise toscanisch blieben.

Die alten Rivalitäten leben, wenn auch zum Ritual erhoben, weiter: der *Palio* von Siena ist nur ein Beispiel für die uralte Tradition des Streits. Die Jockeys der städtischen *Contrade* peitschen ihre Rivalen mehr als die eigenen Pferde, und der Sieg des einen hätte gar keinen Sinn ohne die Schmach und Verspottung des anderen. In Pisa bekämpfen sich die Mannschaften des Mezzogiorno- und des Tramontana-Viertels in einem alten Brückenspiel. Dabei begegnen sich die beiden Mannschaften auf dem Ponte di Mezzo und versuchen, einen Karren bis auf das entgegengesetzte Flußufer zu drücken: wenn dabei einer ins Wasser fällt, um so besser!

Die Streitigkeiten gehen noch darüber hinaus. Die Livornesen waren im 13. Jahrhundert den Pisanern unterworfen, und natürlich können die einen die anderen nicht leiden. Daß die Toscaner unterdrückt werden, ist mit ihrem Selbstverständnis unvereinbar. Die Livornesen haben der toscanischen Neigung zur Anarchie noch größere Hartnäckigkeit und Bissigkeit hinzugefügt: Livorno ist die einzige Stadt auf der Welt, in der man eine Zeitschrift, »Il Vernacoliere«, druckt, die das ausschließliche Ziel hat, eine andere Stadt auf den Arm zu nehmen. Überflüssig hinzuzufügen, daß es sich um Pisa handelt.

Wenn die Streitsucht auch ein Zug des toscanischen Charakters ist (Curzio Malaparte sprach von den »verfluchten Toscanern«), so muß man sagen, daß es andere, positive Seiten

Zwei klassische Medici-Villen, die Villa von Poggio a Caiano (oben) und L'Ambrogiana (unten), wie sie Giusto Utens zur Ausstattung der Medici-Villa »La Ferdinanda« gemalt hat. Die Bilder befinden sich heute im Museum ›Firenze com' era‹ in Florenz. Giusto Utens, flämischer Abstammung, ist in Carrara geboren; man weiß, daß er zwischen 1558 und 1609, seinem Todesjahr, als Maler tätig war. Sein Werk wurde von seinem Sohn Domenico fortgeführt, von dem in der Kirche der Madonna delle Lacrime in Carrara wertvolle Gemälde aufbewahrt werden.

Zwei weitere von Giusto Utens gemalte Medici-Villen, die Villa von Marignolle (oben) und »La Peggio« (unten). Der Zyklus der Medici-Villen wird zwischen 1598 und 1599 datiert, in die Epoche des Großherzogs Cosimo II de' Medici. Die Gemälde sind ein kostbares künstlerisches sowie historisches Dokument dieser Zeit. Die Villen waren komfortable Sommersitze, umgeben von Gärten und blühender Landwirtschaft.

gibt: Der Toscaner weiß freundlich zu sein, sich wie ein richtiger ›Signore‹ zu benehmen, auch wenn er aus bescheidenen Kreisen kommt oder gar arm ist. Man kann behaupten, daß gerade diese Flexibilität die außergewöhnliche wirtschaftliche Entwicklung dieser Region begünstigt hat, die sich nicht damit abgefunden hat, als bäuerliche Region unterzugehen.

Die Bestandteile dieser Entwicklung sind verschiedenartig, aber – so erstaunlich es auch klingen mag – die Großindustrie steht nicht an erster Stelle. Es gibt zwar die Großindustrie, aber man kann sie nicht ›toscanisch‹ nennen, da Initiativen und Kapital von außerhalb kamen. Teilweise galt das Interesse den Bodenschätzen, hauptsächlich aber der großen Anzahl verläßlicher Arbeiter, die mit landwirtschaftlichen und handwerklichen Tätigkeiten groß geworden sind. Dies trifft für die Firma ITALSIDER zu, eine der größten Stahlverarbeitungsanlagen Italiens: Sie befindet sich in Piombino, gegenüber der Insel Elba, wo schon Phönizier, Griechen und Römer Eisenerz abbauten. Aber ITALSIDER ist ein Staatsbetrieb. Ein weiterer Großindustriebetrieb ist PIAGGIO in Pontedera, wo man im Zweiten Weltkrieg noch Bomber produzierte, sich dann aber von dieser Vergangenheit distanzierte. Seitdem stellt die Firma Motorroller her, nur wenige wissen, daß der kleine Motor der berühmten Vespa auf dem Flugzeugmotor basiert. Aber auch PIAGGIO ist nicht toscanisch, sondern genuesisch. Ähnlich verhält es sich mit SOLVAY in Rosignano, einer der ältesten Chemiefirmen Europas, die 1863 gegründet wurde. Sie ist nicht toscanisch, sondern belgisch. SOLVAY verarbeitet das Steinsalz aus dem Cecina-Tal.

Pistoia in einem alten Druck. Die Stadt wurde im 2. Jahrhundert v. Chr. von den Römern, die sie ›Pistoria‹ nannten, gegründet. Als Militärstützpunkt an der Via Cassia schrieb Pistoia im Jahre 62 v. Chr. Geschichte, als sich dort der römische Patrizier Catilina verschanzte. Dieser hatte versucht, an die Macht zu gelangen, und war daher von Cicero vor Gericht gestellt worden.

Catilina mußte in der Nähe von Pistoia gegen die ihn verfolgenden Truppen kämpfen und starb auf dem Schlachtfeld zusammen mit seinen letzten Getreuen.

Diese und andere Großindustrien haben die Einkünfte einiger Gemeinden erhöht. Die eigentlichen Schätze der toscanischen Wirtschaft stammen allerdings von den mittleren und kleinen örtlichen Betrieben. Es handelt sich vorwiegend um Familienbetriebe mit geringen Investitionen aber großer Intensität und Qualität der spezialisierten Produkte. Nach den letzten Statistiken sind 40 % der Toscaner in solchen Betrieben beschäftigt, während in allen Regionen Italiens außerhalb des Industriedreiecks Turin-Mailand-Genua durchschnittlich nur 24 % in mittleren Betrieben beschäftigt sind und in einigen Gegenden gar nur 14 %. Wenn man den tertiären Sektor hinzunimmt (vor allem der Handel steht in der Toscana seit dem Mittelalter an erster Stelle der Beschäftigung), ist die wirtschaftliche Bilanz eindeutig positiv. Diese Bilanz wäre sogar hervorragend, wenn die letzte Einnahmequelle, der Tourismus, nicht von der wenig leistungsfähigen und rückständigen Bürokratie verwaltet würde.

In diesem Buch wollen wir die Toscana von oben betrachten, und daher betrifft uns die Relation zwischen wirtschaftlicher Entwicklung und Landschaft noch unmittelbarer. Diese hat sich natürlich mit und als Folge der Wirtschaftsentwicklung verändert. Von der prähistorischen, von Wäldern und Sümpfen bedeckten Toscana ist keine Spur geblieben. Auch die Küsten sind kaum wiederzuerkennen, da sie einst unter der dichten Mittelmeer-Macchia fast versteckt waren. Zum Teil waren sie von Nadelwäldern bedeckt, die bis zur Küste hinabwuchsen: Eine Erinnerung an dieses Bild vermitteln die Pinienwälder der Versilia zwischen Forte dei Marmi und dem Gut San Rossore, einst Jagdreservat des italienischen Königshauses.

In dem Gemälde eines unbekannten Künstlers (oben) wird der feierliche Einmarsch Cosimos I de' Medici im Jahr 1561 in Siena dargestellt. Die ruhmreiche Republik Siena hat sich der Rivalin Florenz ergeben müssen. Florenz erhielt mit dem Vertrag von Cateau-Cambrésis den gesamten Staat Siena mit Ausnahme der Häfen Orbetello, Talamone, Porto Ercole, Argentario und Santo Stefano, die dem Königreich Neapel zufielen.

Unten: der Stadtplan von Lucca in einem Druck des 16. Jahrhunderts.

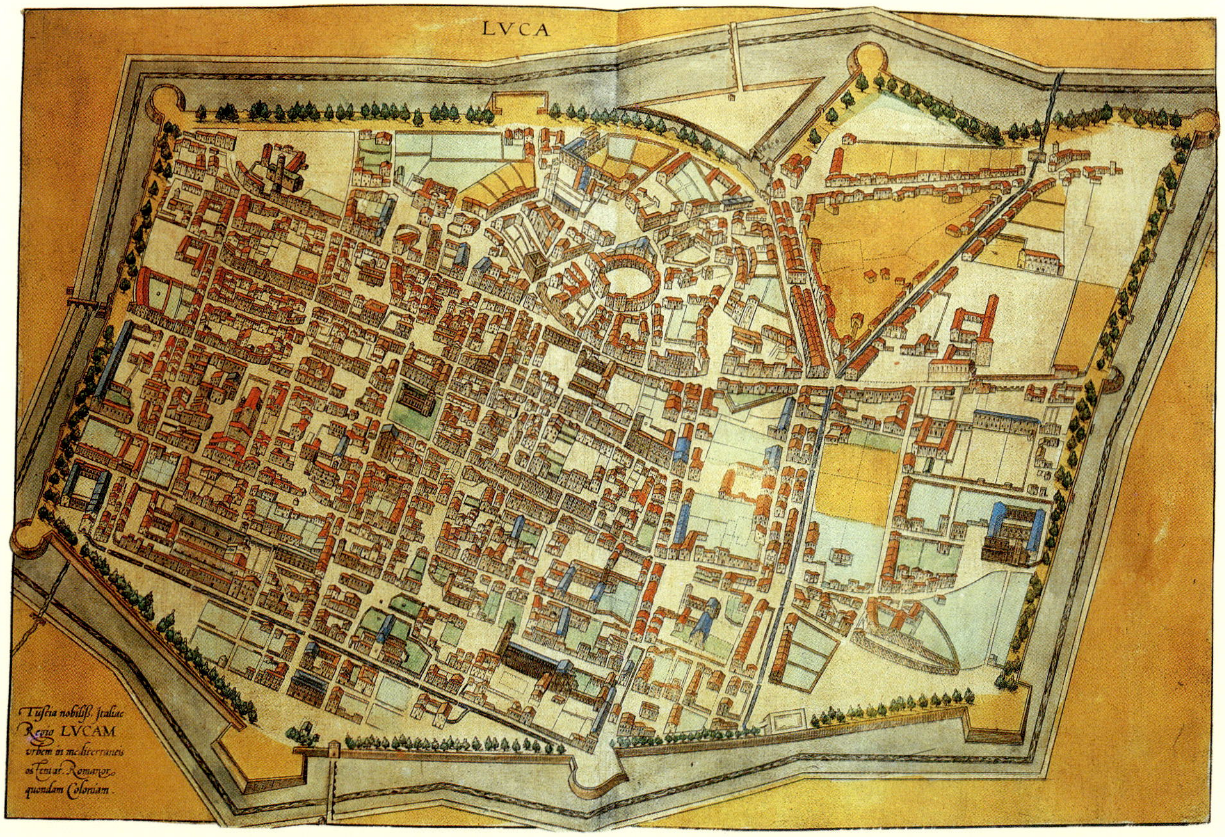

Die Landschaft wurde durch die ersten etruskischen Städte verändert: Fiesole, Volterra, Arezzo, Siena, Cortona, Populonia, Vetulonia, Rosselle, Volsinii, Vulci, Pyrgi und Tarquinia. Die Römer bauten neue Städte oder vergrößerten die schon bestehenden und begannen mit der ersten Nutzung und Begradigung der Wasserläufe. Die Wälder wurden drastisch abgeholzt. Das Land wurde kultiviert, Villen errichtet: die großen Residenzen der römischen Eroberer, umgeben von den Unterkünften der Sklaven, welche die Latifundien bebauten und verwalteten. Die Villen, wie sie Cato, Columella und andere römische Klassiker beschreiben, hatten genaue, zweckbezogene Strukturen: Es gab – in der Regel im Süden – einen zentralen Hof mit Bädern und Küchen; im Osten befanden sich das *torcularium,* die Olivenpresse, und die Kornkammer. Die Keller fand man im Norden und die Wohnräume im Westen. Diese Aufteilung setzte sich manchmal im ersten Stock analog fort. Die Ställe blieben außerhalb des Gebäudes.

Die römische Villa war der Vorläufer der mittelalterlichen Burg. Nachdem das Imperium Romanum, das sich auf die eiserne Disziplin und die Schlagkraft der Legionen stützte, untergegangen war, befand sich das Leben des einzelnen und der Gemeinschaft in ständiger Gefahr. So entstand die Burganlage, die den gleichen Zwecken diente wie die Villa, den militärischen Strukturen aber den Vorrang gab: Der Palazzo des Herrn mit anliegender Kirche und die ihn umgebenden Häuser der Siedler lagen auf einem Hügel. Alles wurde von soliden Mauern umschlossen und mit geschlossenen Toren und hochgezogenen Hängebrücken praktisch uneinnehmbar. So unterbricht noch heute das vertikale Element der Türme mit ihren Zacken die hügelige Landschaft. Da der Feind jederzeit angreifen konnte, mußte das bearbeitete Land so nahe wie möglich an der Burg liegen, um Mensch und Tier eine rasche Flucht in die Festung zu ermöglichen. Zeichen dieser dramatischen Isolation sind noch heute klar erkennbar, vor allem, wenn man die Toscana von oben betrachtet. Aus der Luft kann man sich all die einfallsreichen Bemühungen vergegenwärtigen, mit denen die mittelalterliche Gesellschaft sich um ihren Herrn sammelte, um ihn zu verteidigen und gleichzeitig von diesem verteidigt zu werden. Diese gegenseitige Ergänzung bedingte jeden anderen Aspekt des Lebens in der Burg.

Die Wirtschaft veränderte sich schnell. Der einst im ganzen Reich mögliche freie Handel beschränkte sich auf kürzeste Entfernungen. Es handelte sich meistens um Tauschgeschäfte mit der unmittelbaren Umgebung. Wenn man sich weiter hinauswagte (dazu waren die Orte im Inland gezwungen, um sich gewisse lebenswichtige Güter wie Salz zu beschaffen), lief man ständig Gefahr, sein Geld, seine Ware und nicht selten auch sein Leben zu verlieren. Die Straßen, die das Inland mit dem Meer verbanden, wurden von Räubern, Wölfen und Bären unsicher gemacht. Die immer größeren Gefahren der Transporte zwangen die Burgen dazu, eine möglichst autarke Wirtschaftspolitik zu verfolgen, so daß die Landschaft zum großen Teil ihre ursprüngliche Schönheit wiedergewann.

Aber schon mit dem Ende des Mittelalters, als sich die Einrichtung der Erbpacht und der Halbpacht, der *mezzadria,* durchsetzte, veränderte sich das äußere Bild. Diese Arten der Pacht

Pontremoli in einem Stich des 15. Jahrhunderts. Einst eine der blühendsten mittelalterlichen Kleinstädte an der Via Francigena, der Verbindung zwischen Nordeuropa und Rom, ist Pontremoli

heute eines der bedeutendsten Zentren an der nördlichen Grenze der Toscana mit Ligurien. Seit mehr als fünf Jahrhunderten ist Pontremoli bekannt als Hauptstadt der Wander-Buchhändler. Deshalb wird dort jedes Jahr einer der berühmtesten Buchpreise ausgeschrieben, der eben aufgrund dieser Tradition ›Bancarella‹ genannt wird.

Ein mittelalterlicher Stich von Cortona, einer der berühmtesten Kunststädte der Toscana, deren mittelalterliches Stadtbild fast völlig erhalten ist. Ursprünglich handelte es sich um eine etruskische Stadt, wie die Reste der ältesten Stadtmauern mit ihren riesigen Felsklötzen belegen. Es ist auch heute noch schwer zu verstehen, wie Menschen, die ausschließlich über die Muskelkraft ihrer Arme und ihrer Tiere verfügten, in der Lage waren, derartig schwere Felsblöcke zu transportieren und aufeinanderzustellen.

gewährleisteten demjenigen, der für einen Fürsten das Land bestelle, ein eigenes Jahreseinkommen. Dadurch dehnten sich die Anbauflächen aus. Die Bebauung änderte sich weiter, und es zeichnete sich schon bald das erste Charakteristikum der toscanischen Landschaft ab: die verstreute Ansiedlung. Der Halbpächter arbeitete für den Landbesitzer, aber auch für sich selbst. Die Weiterentwicklung sah den Halbpächter schließlich an der Spitze kleiner oder mittlerer Familienbetriebe. Von den unbequemen Ansiedlungen auf den Bergen stieg man wieder ins Tal hinab – unter dem Schutz der weltlichen Feudalherren oder der großen und ruhmreichen Mönchsorden. Die Ausbreitung und Stabilisierung der florentinischen Herrschaft trug ein weiteres zur Sicherheit bei. Der Ertrag wurde größer, weil der Halbpächter, der nun direkt an einer intensiven Nutzung interessiert war, sich für gemischten Anbau einsetzte.

Mit der Renaissance beschleunigte sich diese Entwicklung. Der Fortschritt der Waffentechnik verminderte die Bedeutung der befestigten Burganlagen. Diplomaten begannen wichtiger zu werden als Militärs, die häufig teure und unzuverlässige Söldner waren. So wurde die Burg zum Palast. Gewisse Verteidigungsstrukturen wurden beibehalten, integriert in eine prächtige und elegante Architektur. Immer öfter errichtete man Palazzi in der Stadt, während auf dem Land – nach antikem römischen Vorbild – die Villa neu entstand. Gleichzeitig begann erneut der Handel auf den großen internationalen Handelswegen, die von der Bank- und Hotelorganisation der Tempelritter versorgt wurden, in deren Herbergen man übernachtete, speiste, Pferde und Esel wechselte, sich bewaffnete und kleidete. Bezahlt wurde übrigens mit einem Ausweis, der die Eigenschaften einer heutigen Kreditkarte besaß. Einen entscheidenden Impuls gab die Öffnung des großherzoglichen Hafens von Livorno in der zweiten Hälfte des 16. Jahrhunderts. Der wirtschaftliche Fortschritt begünstigte die Trockenlegung der großen Sümpfe, die zwischen dem 2. und 3. Jahrzehnt unseres Jahrhunderts abgeschlosseen wurde. Dadurch entstand neuer Boden für die Landwirtschaft, aber unvermeidlicherweise auch für Industrieanlagen.

1962 wurde die Halbpacht gesetzlich abgeschafft und durch den landwirtschaftlichen Betrieb ersetzt: den kleinen und mittleren, noch von einer Familie geführten Betrieb einerseits und den großen, industriellen Betrieb andererseits, der häufig in ausländischer Hand ist. Diese dritte Art von Landwirtschaft veränderte die toscanische Landschaft am entscheidendsten. Die Logik des Marktes bestimmte das Verschwinden jener gemischten Form des Anbaus, bei der größere und kleinere Kulturen nebeneinander gedeihen: das zarte Blau der blühenden Kartoffeln im Grün der Weinberge, das Weiß der Bohnenblüten und das Rot der reifen Tomaten im silbergrauen Glanz der Olivenhaine. Heute zählt, daß die landwirtschaftlichen Maschinen ohne Hindernisse arbeiten können und in immer kürzerer Zeit mit immer größerer Spezialisierung immer mehr produzieren. Aber trotz der Rationalisierung bleiben unvorhersehbare Eindrücke: die dunkelblaue Geometrie der Kohlfelder neben goldgelbem Weizen und die roten Tupfer des Klatschmohns unter Olivenbäumen, der weiße Streifen einer staubigen Straße, die sich mit leichten Kurven einen Hügel hinaufschlängelt, gesäumt von den dunklen Säulen der Zypressen.

So hat man sich das süße Leben im Chianti in einer Lithographie des 18. Jahrhunderts vorgestellt. Die Chianti-Landschaft ist das Reich des Weines, und daher war die Darstellung einer Weinlese mit Putti, die sowohl arbeiten als auch spielen, trinken und sich amüsieren, naheliegend. So erscheinen neben einem kleinen Bacchus, der auf einer Ziege reitet, auch einige der berühmtesten Weingüter der Region: oben das Weingut Castello di Brolio, unmittelbar darunter die Güter von Casole in der Val d'Elsa und Lamole. Es folgen die Weinorte Greve und Panzano. Häufig sind aus den Weingütern im Laufe der Jahrhunderte zusammenhängende Ortschaften erwachsen.

FLORENCE.

Florenz in einem Druck des 18. Jahrhunderts. Florenz wurde 1569 Hauptstadt des Großherzogtums Toscana, das bis 1737 von den Medici und dann vom Hause Habsburg-Lothringen regiert wurde. Die Stadt ist hier noch von den alten Mauern umgeben, die sie vom bebauten Land trennen. Die Bauernhäuser konnten nunmehr, wo sich die politische Lage stabilisiert hatte, zu prächtigen Villen umgebaut werden, deren Grundstücke zum großen Teil in elegante Gärten verwandelt wurden.

Santa Maria del Fiore, Giottos Campanile und das Baptisterium: auf einen Blick eines der berühmtesten Kunst- und Glaubensszenarien der Welt. Von den drei Gebäuden ist das Baptisterium das älteste. Es geht angeblich auf das 5. Jahrhundert zurück, wobei der verwendete Marmor zum großen Teil aus einem reichen Palazzo des 1. nachchristlichen Jahrhunderts stammen soll. Santa Maria del Fiore, der glanzvolle Dom, ist zwischen 1296 und 1466 entstanden. Der Campanile, 1334 von Giotto begonnen, wurde 1359 von Andrea Pisano und Francesco Talenti fertiggestellt.

DIE

DREI KÖNIGINNEN

Noch weiß man nich genau, woher der Name ›Firenze‹ s amm . Der Goldschmied und Bildhauer Benvenuto Cellini schrieb im 16. Jahrhundert, daß der Name von einem General Cäsars, Fiorinus, stamme. Cellini ist den Touristen übrigens vor allem durch die Perseus-Statue bekannt, die den abgeschlagenen Kopf der Medusa hochhält. In derselben Zeit vertrat der Historiker Benedetto Varchi eine elegantere Version: Florenz, sagte er, sei an den blühenden Ufern des Arno entstanden und nenne sich daher nach den Blumen *(fiori)*. Im Stadtwappen hat es übrigens immer eine Lilie gegeben; auch wenn die Botaniker protestieren und sagen, es handele sich um eine Iris und nicht um eine Lilie, so bleibt es doch eine Blume. Wie auch immer, Florenz entstand unter den Römern als strategischer Stützpunkt entlang der Via Cassia am Zusammenfluß des Mugnone und des Arno und wurde ›Florentia‹ getauft. Schon zu Zeiten Cäsars hatte Florenz, welches die Konsularstraßen nach Rom, Faenza, Lucca und Pisa überwachte, eine Bedeutung ersten Ranges. Sein Mauerring hatte einen Umfang von 2000 Metern und ist heute noch im Herzen der Stadt erkennbar. Die Stadtmauer war quadratisch: Die südliche Begrenzung lag zwischen Palazzo Vecchio und Santa Trinita, den Flußlauf entlang; die westliche zwischen Santa Trinita und San Giovanni; die nördliche zwischen San Giovanni und Santa Maria del Fiore (dem Dom) und schließlich die östliche zwischen Santa Maria del Fiore und Palazzo Vecchio. Im 13. Jahrhundert war Florenz schon so gewachsen, daß die alten Mauern nicht mehr ausreichten. So entstand ein zweiter Ring, der sich vier Kilometer lang um den ersten schnürte und auch einen Teil des linken Arnoufers umfaßte. 200 Jahre später erreichte ein dritter Mauerring, der auch ein langes Stück des Flusses einschloß, eine Länge von zehn Kilometern.

Zeitweise war den verschiedenen Interessengruppen jeder Vorwand für einen Streit gut, so daß Matteo Bandello, der große Novellist des 16. Jahrhunderts, folgendes schrieb: »Wenn alle aus Florenz vertriebenen oder niederträchtig ermordeten Menschen sich zusammenfänden, würden sie eine größere Stadt bilden, als Florenz selbst es ist.« Trotz dieser Tatsache und trotz der Bürokratie blühten Handel und Gewerbe. Das Florenz von Dante ist das fleißige und arbeitsame der sieben *Arti Maggiori,* der sieben höheren Zünfte: die Großkaufleute, die unbearbeitete Stoffe importierten und so verfeinerten, daß sie wertvoll wurden; die Wollhändler, die Seidenhändler, die Pelzhändler und Feingerber,die Ärzte und Apotheker sowie die Geldwechsler, d. h. die Bankiers, die verschiedene Währungen anboten; schließlich die Richter und Notare, die die rechtliche Verwaltung dieses riesigen Handelsvolumens genauestens überwachten. Die Medici-Familie kam aus dem Handels- und Finanzgeschäft. Von 1434, als Cosimo I an die Macht kam, bis 1723, als Cosimo III, Großherzog der Toscana, starb, verband sich die Geschichte von Florenz mit der dieser großen Familie, welche in Lorenzo dem Prächtigen ihren berühmtesten Vertreter hatte. Die Kämpfe unter den Familien und Parteiungen waren aber noch nicht beendet. Die Medici wurden zweimal vom Volk verjagt; einige von ihnen starben mit dem Dolch von Verrätern oder Mördern im Rücken. Andere Medici aber wurden Kardinäle und Päpste, zwei – die legendäre Caterina und die intrigante Maria – heirateten Könige von Frankreich. Die Stadt des Handels und der

Eine weitere florentinische Sehenswürdigkeit mit Weltruhm ist der Ponte Vecchio, der den Arno an seiner engsten Stelle überquert. Wahrscheinlich ist er von den Römern, denen daran gelegen war, die Via Cassia nach Norden hin auszubauen, errichtet worden. Die ersten Quellen sprechen schon im Jahr 996 von dieser Brücke. Aus Holz auf Steinpfeiler gebaut, wurde sie zweimal zwischen 1117 und 1333 durch Überschwemmungen zerstört. Der Ponte Vecchio wurde dann aus Stein so breit wieder aufgebaut, daß die charakteristischen

Verkaufsstände auf beiden Seiten der Brücke Platz fanden, in denen zunächst Handwerker – u. a. Metzger – ihre Läden hatten, aber seit dem Ende des 16. Jahrhunderts nur noch Schmuck verkauft wird.

Finanzen verwandelte sich in eine wirkliche Hauptstadt der Künste. Obwohl Florenz heute über die alten Mauern hinausgewachsen ist, und an der Peripherie von Industriebauten verändert wurde, behielt es seinen eigenen Glanz.

Florenz eroberte seine Vorrangstellung durch seine Handelstätigkeit. Siena hingegen hatte sie sozusagen von Natur aus, denn der Reichtum der Stadt lag in den Silberminen von Montieri. Hinzu kamen einige andere Vorzüge: das milde Klima, die reine Luft – die Stadt wurde auf Hügeln errichtet, die das Arbia-Tal vom Elsa-Tal trennen. Die Menschen lebten, wenn auch immer mit der toscanischen Mentalität der Auseinandersetzung, mit einer heitereren, offeneren Philosophie. Der wahre Kenner zieht Siena Florenz vor. »Die Menschen sind hier wohlerzogen und freundlich«, schreibt einer der Väter der ›Grand Tour‹, Richard Lassels, »was zusammen mit der Reinheit der Luft, dem guten Benehmen der Edelleute und der Klarheit der Sprache Siena für den Ausländer zum Orléans Italiens werden läßt.«

Die Stadtmauer von Siena. Die Stadt, die auf drei Hügeln mit einem Umfang von etwa sieben Kilometern entstanden ist, wurde im Laufe der Jahrhunderte mehrmals vergrößert. Das ursprünglich bewohnte Stadtzentrum nennt man heute ›Terziere di città‹. Die erste städtische Ausdehung ist das heutige ›Terziere di San Martino‹, und die letzte in Richtung Nord-Westen ist das ›Terziere di Camollia‹. Die Terzieri teilen sich wiederum in ›Contrade‹ auf: von diesen gab es ursprünglich 59; heute sind davon 17 übriggeblieben.

Schon seit dem 15. Jahrhundert wird Siena zum Teil Florenz vorgezogen. Nach Siena kamen Studenten, um die uralte, berühmte Universität zu besuchen. Gebildete Männer und Frauen lernten hier die harmonische und korrekte Aussprache des Italienischen. Diplomaten und Beobachter, die von hier diskret die florentinische Politik und die Bewegungen im nahen Hafen Livorno kontrollieren konnten, kamen hinzu; so viele Ausländer, daß Fynes Moryson schon 1594 beklagt, daß er das Italienische nicht so lernen kann, wie er es gerne will, »da hier so viele Engländer und Holländer sind, daß ich häufiger mit ihnen als mit den Sienesen spreche.«

Es entsteht bedeutende ausländische Literatur zu Italien: von Thomas Martyn zu Peter Beckford, von Richard Colt Hoare über John Raymon, Thomas Hoby, Lady Blessington, John Evelyn und Ruskin bis zu Henry James. Und Dickens nicht zu vergessen, der Siena als »ein Venedig ohne Wasser« bezeichnet; Hawthorne, der die berühmte Piazza del Campo mit einer »vom Meer der Zeit verwaschenen Muschel« vergleicht; Taine, der in Siena »eine so gut erhaltene Stadt« sieht, »daß sie ein Pompeji des Mittelalters sein könnte.«

Der internationale Ruf Sienas ist erhalten geblieben und bildet eine der Ausnahmen im unaufhaltsamen Provinzialismus, der ein Großteil Italiens von Europa entfernt hält. Von den alten Gasthäusern der Tempelritter, wo sich Händler, Krieger und Pilger aufhielten, die auf dem Weg nach Rom und in den Orient entlang der Via Francigena wanderten, bis zum Palazzo des Fürsten Chigi, wo die berühmte Akademie ihren Sitz hat, blieb in Siena die Tradition der Gastfreundschaft erhalten, selbst in der Massengesellschaft. Der malerische *Palio* erscheint so jedes Jahr auf den Bildschirmen der ganzen Welt, damit Millionen von Zuschauern an diesem Ereignis teilnehmen können. Dabei war der *Palio* nur ein Wettstreit der *Contrade,* als Siena höchstens einige hundert bis tausend Einwohner zählte.

Wenn der Reichtum von Siena von der Via Francigena stammt, so steht jener von Pisa in Verbindung mit zwei anderen Konsularstraßen: der Via Aurelia und der Via Emilia Scauria. Die erste, deren Streckenführung bis heute die gleiche geblieben ist, führt von Rom die Küste des

Siena, Piazza del Campo. Hier findet der historische ›Palio‹ statt. Zweimal im Jahr messen sich die Reiter der 17 städtischen ›Contrade‹ in einem faszinierenden Pferderennen. ›Palio‹ heißt es, weil die Siegestrophäe aus einem wertvollen Banner (lat. ›pallium‹) besteht. Im Vordergrund sieht man die elegante Torre del Mangia: Dies war der Spitzname eines gewissen Giovanni di Duccio, der von der Stadt damit beauftragt war, die vollen Stunden zu schlagen. Mangia nannte man in der Folge auch die automatische Glockenanlage, die bis 1780 in Gebrauch war.

Die wunderbare Piazza dei Cavalieri im Zentrum Pisas. Links der Palazzo der Ritter von Santo Stefano, ein vom Großherzog Cosimo de' Medici gegründeter Orden, der damit beauftragt war, die Piraten zu bekämpfen, die in jener Zeit (wir befinden uns in der zweiten Hälfte des 16. Jahrhunderts) die Küsten des Mittelmeeres unsicher machten. Daneben die Kirche des hl. Stephan, die aus zwei Bedienstetenflügeln des Palazzos entstanden ist.

tyrrhenischen Meeres entlang bis in die Provence. Die zweite, die heutige Staatsstraße 206, führt von Rom durch das Landesinnere und verbindet sich dann mit der Francigena, d. h. mit der wichtigsten europäischen Verkehrsachse, die sich im Nordosten bis zum Baltikum und im Norden bis nach Schottland erstreckt.

Wenn man darüber hinaus an den Arno und vor allem an das Meer denkt, in das der Arno mündet, so kann man sagen, daß Pisa noch bessere Ausgangsbedingungen gehabt hat als Siena. Und tatsächlich nutzte Pisa diese Vorzüge mit kühnen und glücklichen Investitionen. Ehemals römischer Marinestützpunkt, wurde Pisa zwischen dem 12. und dem 13. Jahrhundert einer der wichtigsten Häfen des gesamten Mittelmeeres. In weniger als zwei Jahren (1015 - 1016) eroberte Pisa das von den Sarazenen besetzte Sardinien und Teile Korsikas. Dann verbündeten sich die Pisaner mit den Normannen, eroberten zusammen mit ihnen Sizilien und dehnten ihre Handels- und Militärstützpunkte mit den Kreuzzügen bis in den Vorderen Orient aus. Auch auf den Balearen vernichteten sie die Truppen der Sarazenen. Zur Zeit Friedrich Barbarossas erhob sich das pisanische Banner auf Hunderten von Festungen von Ostligurien bis Civitavecchia. Reiche Feudallehen in Neapel, Salerno, Kalabrien und Sizilien überschütteten die schon gefüllten Staatskassen weiter. Die Einwohnerzahl Pisas stieg auf mehr als 40000. Diese Rekordzahl, die zwei Jahrhunderte später auf unter 8000 zusammenschmolz, wurde erst nach 1870 wieder erreicht.

Genau dieser Reichtum jedoch leitete den Abstieg der großen Seemacht ein. Die erste ihrer Rivalen, Amalfi, war von der Bildfläche verschwunden, aber Florenz und Lucca machten der Stadt Pisa ihren Landbesitz streitig. Genua, einst Alliierte Pisas, wurde zum heftigsten Konkurrenten auf dem Meer: 1284 waren es die Genueser Schiffe, die in der legendären Schlacht von Meloria die Pisaner Flotte und damit deren letzte Hoffnungen für immer zerstörten.

Aus der ›goldenen Zeit‹ sind aber die Institutionen und die kostbaren Kunstschätze erhalten geblieben: die Università della Sapienza, die Bibliotheken, der Camposanto vecchio, das Museo dell'Opera del Duomo und der großartige Baukomplex, der Ausdruck pisanischer Kultur und Macht zugleich ist: Dom, Baptisterium und der berühmte schiefe Turm. Dieser ist mittlerweile ähnlich wie der Palazzo Vecchio für Florenz und die Piazza del Campo für Siena das Symbol für Pisa. Als die italienischen Behörden im Winter 1989 beschlossen, den Aufstieg auf den Turm für Touristen zu sperren, da seine Stabilität immer fragwürdiger wurde, stand diese Nachricht auf den ersten Seiten der Zeitungen in aller Welt, die den Beschluß begrüßten. Selbst die unerschütterliche Londoner »Times« widmete diesem Ereignis zwei Kolumnen auf der ersten Seite.

Die Fassade des Doms von Pisa. Der untere Teil wird durch Blendbögen gegliedert, die von Säulen getragen werden. Diesen sind zusätzlich Pilaster hinterlegt. Der obere Teil besteht aus vier Geschossen von Säulengalerien, die die Rückwand vergittern, die mit ein-, doppel- und dreibogigen Öffnungen geschmückt ist. Mit dem Bau des Domes, der 1118 von Papst Gelasius II. geweiht wurde, obwohl die Arbeiten noch nicht fertiggestellt waren, ist im Jahre 1064 begonnen worden. Die Fassade geht auf den pisanischen Architekten Rainaldo zurück.

Das Zentrum von Florenz, vom Arno durchflossen. Im Vordergrund sieht man den Ponte alle Grazie, dahinter Ponte Vecchio, Ponte Santa Trìnita und Ponte alla Carraia. Das linke, von der Sonne beschienene Ufer heißt Lungarno Torrigiani; das rechte Ufer im Schatten ist der Lungarno Diaz. Der Arno ist der viertwichtigste Fluß Italiens. Er ist 248 Kilometer lang, entspringt am Monte Falterone im tosco-emilianischen Apennin und mündet unmittelbar hinter Pisa ins Meer. Fast die Hälfte des Flußlaufes ist schiffbar.

Piazza und Kirche Santo Spirito auf dem linken Flußufer des Arno in Florenz. Filippo Brunelleschi begann mit dem Bau im Jahre 1444. Als der Künstler zwei Jahre später starb, wurden die Arbeiten von anderen Architekten fortgesetzt, die allerdings unglückliche Veränderungen des Originalplanes vornahmen. Der Campanile ist aus einer späteren Zeit: Baccio d'Agnolo errichtete ihn zwischen 1503 und 1517.

Hier sieht man die Festung Belvedere, die auch Forte San Giorgio genannt wird. Von hier aus kann man – wie vom Piazzale Michelangelo – das einzigartige Panorama von Florenz bewundern. Die Festung wurde im Auftrag des Großherzogs Ferdinand I von Bernardo Buontalenti zwischen 1590 und 1595 erbaut. Sternförmig angelegt, ist sie mit vier großen und zwei kleinen Basteien eine der effizientesten Militärbauten der Zeit, da sie von allen Seiten verteidigt werden konnte. Im Mittelpunkt steht der Palazzetto del Belvedere, ebenfalls von Buontalenti.

Auf den Resten einer frühchristlichen Basilika, 393 vom Bischof Ambrosius von Mailand dem hl. Laurentius geweiht, wurde im 11. Jahrhundert in Florenz die Kirche San Lorenzo mitsamt Glockenturm erbaut. Der heutige Bau der Kirche im Renaissance-Stil wird zwischen 1419 und 1460 datiert. Brunelleschi und Antonio Manetti arbeiteten im Auftrag der Medici daran. Im außerordentlich schönen und harmonischen Innenraum bewundert man zwei bronzene Kanzeln von Donatello. Der Marmortabernakel ist eines der interessantesten Hauptwerke von Desiderio da Settignano.
Rechts: In einer Panoramaaufnahme der Stadt sieht man links vom Dom und Giottos Campanile nochmals San Lorenzo.

Der typischste und herrlichste Garten im italienischen Stil ist der Boboli-Garten in Florenz. Auf einem Hügel zwischen Palazzo Pitti, Forte di Belvedere und Porta Romana erstreckt sich die Gartenanlage über 45 000 Quadratmeter. Es dauert mehr als drei Stunden, sie zu durchwandern. Der Garten wurde von Eleonora von Toledo, der Tochter des Vizekönigs von Neapel, in Auftrag gegeben, die 1539 den Herzog von Florenz, Cosimo de' Medici, geheiratet hatte. Der ursprüngliche Plan geht auf Niccolò Pericoli, Il Tribolo genannt, zurück, der den Entwurf 1550, kurz vor seinem Tod, anfertigte. Die Arbeiten wurden dann von Ammanati, Buontalenti und Alfonso Parigi dem Jüngeren weitergeführt.

Ein Detail der Certosa del Galuzzo, die 1341 in der lieblichen Hügellandschaft südlich von Florenz dank der Spende einer reichen florentinischen Bankiersfamilie, der Acciaiuoli, entstanden ist. Im Inneren des Kartäuserklosters befinden sich Grabdenkmäler und wunderschöne Grabplatten in den unterirdischen Kapellen. Weitere Attraktionen sind der bezaubernde Einangshof und drei Kreuzgänge, deren größter mit 66 Terrakottatondi von Andrea und Giovanni della Robbia geschmückt ist. Die Zellenhäuschen der Mönche sind, entsprechend dem florentinischen Stil, mit einer Loggia und einem kleinen Garten ausgestattet.

Siena, Piazza del Campo. Links sieht man die berühmte Fonte Gaia (Brunnen), ursprünglich mit den Reliefs von Jacopo della Quercia verziert, die heute im Palazzo Pubblico zu besichtigen sind. Sie wurden 1868 durch eine Nachbildung von Tito Sarrocchi ersetzt. Das Brunnenwasser kommt durch ein 25 Kilometer langes Aquädukt aus der Sieneser Campagna. Tagtäglich werden hier Münzen hineingeworfen – in der Hoffnung auf baldige Wiederkehr. In der Gesamtansicht von Siena (rechts) im Mittelpunkt der helle Dombau.

Siena, Piazza del Campo, im Hintergrund der Dom. Mit dem Bau dieses Meisterwerkes wurde in der Mitte des 12. Jahrhunderts begonnen, gleichzeitig mit der städtischen Unabhängigkeit. 1196 wurden die Arbeiten am Dom von einem städtischen Ausschuß, der ›Opera di Santa Maria‹, übernommen und in der Folgezeit von den Mönchen von San Galgano fortgeführt. Die Kuppel wurde 1264 und die Apsis drei Jahre später fertiggestellt.

Die Fassade des Doms von Siena, ganz aus weißem Marmor, ist zweigeteilt. Der untere Teil von Giovanni Pisano ist romanisch mit einigen gotischen Einflüssen. Die drei Portale werden von gotischen Tympana gekrönt. Im mittleren Portal bewundert man den Architrav mit einem Basrelief von Tino da Camaiano, das die Geschichte des hl. Joachim und der hl. Anna darstellt. Viele der Statuen sind, um sie vor weiterer Umweltverschmutzung zu sichern, in das Museo dell' Opera del Duomo gebracht und durch Kopien ersetzt worden. Der obere Teil der Fassade mit den reichhaltigen Verzierungen ist gotisch.

Die Kirche Santa Maria di Provenzano wurde 1594 von dem Architekten und Bildhauer Flaminio del Turco nach einem Plan des Kartäusermönchs Damiano Schifardini erbaut. Im Inneren befinden sich vier Fahnen: drei erbeutet im Kampf gegen türkische Piraten im 17. und 18. Jahrhundert und eine beim chinesischen Boxeraufstand im Jahre 1900.

Ein Stück der alten Stadtmauer von Siena markiert nach außen hin eindrucksvoll die Begrenzung der Stadt, die unter den großen toscanischen Städten die einheitlichste Struktur aufweist. Durch die ungewöhnliche, y-artige Form der Ansiedlung auf drei steil abfallenden Hügeln erstreckt sich die mehrmals veränderte Stadtmauer auf einer Länge von sieben Kilometern um Siena.

Siena im Morgengrauen. Die umwerfende Schönheit dieser Stadt hat seit Jahrhunderten Künstler und Schriftsteller aus aller Welt angezogen. »Reich und lieblich«, so beschrieb sie Sebastian Münster in seiner Italienreise von 1573, der sie auch wegen »der Bequemlichkeit des Lebens und der Freundlichkeit ihrer Bürger gegenüber Ausländern« bewunderte, während Esther Lynch Piozzi 1784 folgendes erklärte: »Ein kleines Wort nur würde genügen, und ich bliebe das ganze Leben hier.« So ähnlich äußerten sich alle Schriftsteller, welche die legendäre ›Grand Tour‹ unternommen hatten, von John Evelyn bis zu Dickens, von Lady Blessington bis zu Ruskin, Goethe und Stendhal …

Pisa, Blick auf den berühmten schiefen Turm und die Apsis des Domes. Die außergewöhnliche Pracht des Gesamtkomplexes zeugt von der Macht und dem Reichtum der Stadt. Das uralte Pisa, das sich an einem der drei Flußarme des Arno-Deltas erhob, war mit seinem Hafen schon zur Zeit des Zweiten Punischen Krieges (218 v. Chr.) einer der bedeutendsten Seestützpunkte der Römer. 600 Jahre später, noch bevor es freie Stadt wurde, baute Pisa südlich der Gemeinde einen neuen Hafen. Mit der Eroberung Sardiniens, später auch Korsikas und der Balearen, begann der Aufstieg der Stadt, die von diesem Zeitpunkt an in jedem Hafen des Mittelmeeres eigene Handelsvertretungen eröffnete.

Nochmals der Domplatz von Pisa, der auch ›Campo dei Miracoli‹ genannt wird. Der Turm verdankt seinen Weltruhm dem überraschenden Nachgeben des Fundaments, so daß er seit Baubeginn – vor mehr als sieben Jahrhunderten – die Liebhaber Italiens überall auf der Welt in Atem hält. Der Alarmruf hatte sofort eingesetzt: In den Pisaner Chroniken von 1292 liest man, daß damals schon zwei Architekten, Giovanni di Nicola und Guido di Giovanni, damit beauftragt wurden, zwei Meßlatten im Inneren des Turmes anzubringen und die Neigung wöchentlich zu messen.

Pisa, Piazza Santa Caterina. Im Mittelpunkt des harmonischen Gartens erhebt sich die Statue von Peter Leopold, Großherzog der Toscana. Offiziell heißt der Platz heute ›Martiri per la Libertà‹, obwohl der alte Name, auch aufgrund der nahen, der hl. Katharina gewidmeten Kirche, weiter gebräuchlich ist. Die von den Dominikanern 1251 bis 1300 errichtete Kirche hat eine herrliche Marmorfassade im pisanischen Stil und einen Backsteinglockenturm.

Der von Vasari 1562 in Pisa erbaute Palast der Ritter des hl. Stephan wurde auf den Resten des ursprünglichen Palastes der Anziani, dessen Spur man noch in dem hohen Bogen auf der rechten Seite des Gebäudes sehen kann, errichtet. In diesem Gebäude gründete Napoleon 1810 die Scuola Normale Superiore, eine der berühmtesten Universitäten für Geistes- und Naturwissenschaften. Vor dem Palazzo erhebt sich die Statue von Cosimo I, die mit einem Brunnen von Pietro Francavilla umgeben ist. Die Außentreppe mit doppelter Rampe ist im 19. Jahrhundert hinzugefügt worden.

Das linke Arnoufer von Pisa mit dem Lungarno Gambacorti: Hier entlang schreitet der historische Umzug zum Ponte di Mezzo, wo sich beim ›Gioco del Ponte‹ die Mannschaften des südlichen und des nördlichen Viertels gegenüberstehen. Die beiden Kontrahenten versuchen, einen Karren auf Schienen, der auf der Brücke steht, von der einen auf die andere Seite zu schieben. Wer das gegenüberliegende Ufer erreicht, hat gewonnen. Dieses Spiel wurde von Lorenzo dem Prächtigen als Alternative zu einem anderen, wesentlich gefährlicheren Viertel-Wettkampf erfunden: Hierbei bekämpften sich die Männer zweier Viertel auf der Piazza dei Cavalieri mit Schlagstöcken, wobei es jedesmal Tote und Verletzte zu beklagen gab. Unten am Bildrand erscheint das 1323 erbaute Kirchlein Santa Maria della Spina, so genannt, weil es einen Stachel der Christuskrone beherbergte. Der Standort der Kirche lag ursprünglich tiefer; 1871 wurde sie Stein für Stein abgetragen und einige Meter weiter vom Fluß entfernt neu errichtet, um zu verhindern, daß die Feuchtigkeit das Bauwerk zerstörte.

Pisa, Lungarno Pacinotti am rechten Flußufer. Vor Beginn des Gioco del Ponte *drängt sich die Menge in der Nähe des Ponte di Mezzo, der den Fluß in einem einzigen weißen Bogen überspannt. Dieser Bogen verbindet den Borgo Stretto mit seinen alten Lauben, den typischsten und architektonisch bedeutenden Teil der Stadt, mit der Geschäftsstraße Corso Italia, vorbei an der Piazza XX Settembre mit den grandiosen Logge di Banchi (17. Jahrhundert), ursprünglich Markthallen, in denen Wolle und Seide verkauft wurden.*

Luftaufnahme von Lucca mit den nördlichen Stadtteilen. In der Mitte des Fotos sieht man den Platz, an dem das römische Amphitheater aus dem 2. Jahrhundert n. Chr. stand: die Arena befand sich etwa drei Meter unterhalb des jetzigen Bodens und war von zwei Reihen mit jeweils 54 Bögen umgeben. Im 17. und 18. Jahrhundert wurden auf der heutigen Piazza zahlreiche Wohnhäuser gebaut. Im Jahr 1830 wurden diese abgetragen, um den ursprünglichen Platz wiederherzustellen, auf dem dann mit archäologischen Ausgrabungen begonnen wurde.

DIE STÄDTE

Wir haben von Florenz, Siena und Pisa als den drei Königinnen der Toscana gesprochen, und jeder wird dieser Auszeichnung wohl zustimmen. Wir können aber darauf schwören, daß viele Toscaner damit nicht einverstanden sind: selbst Florentiner, Sienesen und Pisaner nicht. Sie werden sagen, daß es in der Toscana nur eine Königin gibt, und jeder von ihnen wird sich auf seine eigene Stadt beziehen. Aber das ist noch nicht alles. Florenz, Siena und Pisa sind nur drei der neun Provinzhauptstädte der Toscana. Es würden sich also auch die restlichen sechs, d. h. Arezzo, Grosseto, Livorno, Lucca, Massa Carrara und Pistoia, beschweren. Darüber hinaus zählt die Toscana weitere 278 Gemeinden. Von diesen ist jede auf die eigene Geschichte und die eigenen Traditionen ganz besonders stolz; ohne diese Geschichte und Traditionen wäre die Toscana sicherlich nicht, was sie ist.

Man kann über diese Auseinandersetzungen zwischen den Städten, für die im Mittelalter jeder edle Ritter sein Schwert gezückt hätte, natürlich lächeln. Aber es ist sicherlich wahr, daß jede dieser größeren und kleineren Städte einen so wertvollen Bestand an Kunstschätzen und eine so interessante Geschichte hat, daß jede Auswahl willkürlich sein muß. Lucca zum Beispiel könnte die erste Stadt sein, die sich über die Nichtzuordnung zu den Königsstädten beklagen würde. Von den Ligurern vielleicht schon im 5. Jahrhundert v. Chr. gegründet, wurde Lucca im 1. Jahrhundert n. Chr. römisches Municipium, dann Hauptstadt von Tuscia (d. h. der gesamten Region) unter den Langobarden, Hauptstadt der Markgrafschaft unter den Karolingern und der napoleonischen Herrschaft (der Hof Elisa Baciocchis, der Schwester des Kaisers, war einer der glänzendsten in Europa); das Herzogtum Lucca schließlich wurde von Maria Luisa von Bourbon-Parma regiert, deren Sohn es an das Großherzogtum Toscana abtrat. Die politische, kulturelle und wirtschaftliche Bedeutung der Stadt dokumentieren Paläste, Kirchen, Türme und Mauern von der Antike bis zu unserer Zeit. Lucca ist mit 100 000 Einwohnern gegenüber den 60 000 Einwohnern von Siena auch relativ groß. Wenn man allerdings eine Werteskala aufstellen wollte, so hätte auch die Einwohnerzahl keine besondere Bedeutung, denn Lucca könnte sich dort neben einem kleinen Ort wie San Gimignano befinden, den man an einem halben Tag besichtigen kann und trotzdem sein ganzes Leben lang in Erinnerung behält.

Die Stadtmauer von Lucca, die wir heute sehen, ist der dritte Stadtwall, der zwischen 1544 und 1645 angelegt und von Maria Luisa von Bourbon-Parma zu einem Park ausgebaut wurde. Der Stadtwall ist 4,3 Kilometer lang, 30 Meter breit und 12 Meter hoch. So bildete der Wall ein eindrucksvolles Verteidigungssystem, bestehend aus elf Bollwerken, die durch zwölf Zwischenstücke miteinander verbunden sind. Allerdings wurde die Mauer trotz der stürmischen historischen Ereignisse niemals der Feuerprobe ausgesetzt.

Wie viele andere Städte der Toscana ist San Gimignano wunderschön. Das 600 Jahre alte Stadtbild hat sich kaum verändert. San Gimignano entstand an der Via Francigena, im Mittelalter die wichtigste Handelsstraße, die schottische und baltische Häfen im Norden Europas mit den apulischen Häfen im Süden verband. Von dort aus fuhren die Schiffe der Kreuzfahrer und der Pilger in den Orient. Die Kaufleute von San Gimignano besaßen Handelshäuser in Pisa, Marseille, Lyon, Algier, Gibraltar, London, Hamburg, in Ägypten und Palästina. Sie handelten mit allen Produkten, angefangen mit ihrem berühmten Wein – dem Vernaccia – bis zum Safran, der als Farbstoff so wertvoll war, daß er als Währung benutzt wurde; sie handelten darüber hinaus mit Wolle, Seide und Goldschmuck bis hin zu Lederwaren. Die Gerbereien von San Gimignano waren so zahlreich, daß die Gemeinde mehrfach Gesetze gegen die Umweltverschmutzung beschloß – und das schon im 12. Jahrhundert!

Im Zusammenhang mit dieser außergewöhnlichen Blüte entstanden die Turmhäuser als Zeichen des Ruhms der großen Familien, die sich gegenseitig übertrumpfen wollten. Der Kampf um den höchsten Turm war zügellos. Der Bürgermeister verbot, 86 Armlängen (d. h. 51 Meter) zu übertreffen, denn so hoch war der Gemeindeturm, dessen führende Stellung nicht in Frage gestellt werden durfte. Trotzdem wurde die Autorität der öffentlichen Macht von der spöttischen Respektlosigkeit der Privatleute angegriffen: wenn man schon keinen höheren Turm als den der Gemeinde bauen durfte, so errichtete man eben zwei nur wenig niedrigere – wie z. B. die mächtigsten Familien von San Gimignano, die Ardinghelli und die Salvucci. Einst gab es außer den zehn Türmen, die in regelmäßigen Abständen auf der Stadtmauer standen, 65 dieser Türme. Heute sind davon nur noch acht übriggeblieben. Nicht die Zeit hat sie zerstört, sondern die Gewalt der Bürgerkriege, bei denen die jeweils siegreiche Partei die Symbole der Unterlegenen, also die Türme, zerstörte: auf Grund dieser Kriege, die in fürchterliche Gemetzel zwischen den Ardinghelli und den Salvucci mündeten, gelangte die Stadt Ende 1352 in die Hände von Florenz. So verlor San Gimignano in kurzer Zeit seinen Reichtum, sein Prestige, seinen Stolz und sogar seine Lebenslust.

Cetona ist ein malerisches Städtchen auf der Straße von Siena nach Chianciano. Von den Etruskern auf einem Hügel zwischen dem Monte Cetona und dem Fluß Astrone erbaut, wurde Cetona von den Römern erobert, die hier einen beliebten Ferienort schufen. Diese Mode flammte in den siebziger Jahren wieder auf, als der gesamte römische Jet-Set begann, Grundstücke und zu restaurierende Bauernhäuser zu kaufen und damit enorme Bodenspekulationen bewirkte.

Jede andere toscanische Stadt, ob größer oder kleiner, lief aus ähnlichen Gründen dieselbe Gefahr. In diesem Sinn ist die Geschichte dieser Städte in Mittelalter und Renaissance vergleichbar, auch wenn die Fähigkeit zu reagieren und zu überleben unterschiedlich ausgeprägt war. Prato ist eines der besten Beispiele für diese Fähigkeit. Im 12. Jahrhundert, als Prato freie Stadt wurde, begannen die heftigen Parteikämpfe, die dazu führten, daß die Stadt sich schießlich, zerstört und kraftlos, dem Königreich Neapel unterwerfen mußte, welches Prato für die entehrende Summe von 17 500 Gulden an Florenz verkaufte. Alles schien verloren, denn Prato erhob sich mehrmals gegen Florenz und wurde jedesmal, bis zur blutigen Plünderung von 1512, heftig bestraft. Aber die wunderbaren gotischen Kirchen San Domenico und San Francesco, der Dom, die Basilika Santa Maria delle Carceri und die anderen von dem Genie eines Giovanni Pisano, eines Donatello oder Giuliano da Sangallo entworfenen Monumente dürften das hohe kulturelle Prestige und die wirtschaftliche Macht dieser so gebeutelten Stadt bezeugen. Mit ihrem Potential kluger Kaufleute und guter Handwerker – Prato war und ist berühmt wegen seiner Wollverarbeitung – gelang es der Stadt, auch nach den schweren Schicksalsschlägen immer wieder Tritt zu fassen.

Dasselbe läßt sich auch für ein anderes toscanisches Schmuckstück, Pistoia, sagen. Zunächst langobardische Königsstadt, wird auch Pistoia von Florenz nach Jahrhunderten der Kriege und Verschwörungen überwältigt. Trotz der traurigen Geschichtsereignisse sind die Bauten Pistoias überwältigend: der Dom, die Kirchen San Bartolomeo, Sant'Antonio und San Giovanni, der Palazzo Pretorio und der Palazzo del Comune.

Das gleiche gilt für Monteriggioni, ein noch heute vom Ring seiner Mauern umschlossener Ort auf der Kuppe eines Hügels zwischen Florenz und Siena. Genau diese strategische Position machte aus dem Ort einen sienesischen Stützpunkt an der Grenze zum Staat Florenz: Dies

San Gimignano, das unvergeßliche mittelalterliche Städtchen oberhalb des Elsa-Tales. Im Vordergrund die Mauern, die die alte Burg umgaben. Gleich dahinter liegt die Collegiata di Santa Maria Assunta auf dem Domplatz, wo die beiden Türme der mächtigen Familie Salvucci in den Himmel ragen, die durch ihre Rivalität mit der Familie Ardinghelli den Ruin der gesamten Stadt herbeiführte. Rechts von der Kirche der Turm des Palazzo del Popolo, und dahinter der Turm ›La Rognosa‹.

Eine typische Eigenschaft des mittelalterlichen Städtebaus, die man häufig antrifft, bestand darin, die Häuser in mehreren Reihen unmittelbar aneinander zu bauen. Im Kriegsfall konnte länger Widerstand geleistet werden, und die Angreifer wurden immer wieder in tödliche Hinterhalte gelockt.

bedeutete für die Stadt ständige Belagerung und Plünderung, da beide Mächte Anspruch auf Monteriggioni erhoben. Und dennoch ragen immer noch 14 Türme aus dem Mauerring empor und beherrschen damit eines der eindrucksvollsten mittelalterlichen Ensembles der Toscana. In Certaldo, Castiglion Fiorentino, Montepulciano, Pescia und vielen anderen historischen Stadtzentren ist – zum Teil in hervorragendem Zustand – trotz des Lasters der Bauspekulation viel alte Bausubstanz erhalten geblieben.

Darüber hinaus gibt es toscanische Städte etruskischen Ursprungs. Arezzo zum Beispiel: auch heute keine sehr große, aber eine Stadt voller Würde. ›Arretium‹ gehörte nicht zufällig zum etruskischen Zwölfstädtebund und wurde regiert von einem Herrscher, *lucumo,* der mit der höchsten politischen auch die höchste religiöse Macht verband. Die Spuren dieses vergangenen Glanzes sind heute noch sichtbar. Die uralten Mauern – über 700 Meter lang –, die das Reich des Priesterkönigs umgaben, stehen noch heute. Sie schützten die Aretiner noch vor den Barbareninvasionen nach dem Untergang des Römischen Reiches.

Auch Volterra, das etruskische ›Velathri‹, war ein etruskischer Stadtstaat, ähnlich mächtig und reich wie Arezzo. Hier haben die Archäologen Spuren einer noch älteren Zivilisation gefunden: Es handelt sich um eine der ältesten voretruskischen Siedlungen Europas. Seit der Antike ist Volterra bis heute wegen der Alabasterverarbeitung berühmt. Dieser wird aus den unerschöpflichen Bergwerken der Umgebung gewonnen.

Eine andere wunderschöne etruskische Stadt ist Cortona, die sich auf den steil abfallenden Abhängen des Monte Sant' Egidio ausdehnt. Auch in Cortona bleiben die aus zyklopenhaften viereckigen Blöcken bestehenden Mauern, die noch einige Abschnitte der Stadt umschließen, das deutlichste Zeichen der etruskischen Gründung. Wie aus Arezzo und Volterra ist auch aus Cortona eine mittelalterliche Stadt geworden. Besonders eindrucksvoll sind hier die Fassaden der Häuser, mit ihren charakteristischen, von kräftigen Balken gestützten Vorsprüngen der oberen Stockwerke. Cortona ist die Stadt der Antiquariate – jedes Jahr findet hier einer der interessantesten Antiquitätenmärkte Europas statt –, aber vor allen Dingen eine Stadt der Stille und der Erinnerung. Schaut man von der Festung hinab, so blickt man in das bezaubernde Chiana-Tal. Keine der vielen toscanischen und umbrischen Kunststädte liegt weit entfernt: Florenz, Siena, Assisi, Gubbio, Perugia, Città di Castello.

Castiglion Fiorentino liegt an der Straße, die Arezzo mit Cortona verbindet. Der Ort änderte seinen Namen mehrmals nach der Stadt, die ihn erobert hatte: er gehörte zunächst zu Arezzo, dann zu Perugia und schließlich ab 1384 zu Florenz. Seit ältester Zeit war Castiglion Fiorentino ein lebhaftes Handelszentrum, das immer wieder Arbeitsuchende aus dem ganzen Chiana-Tal anzog. Erhalten sind noch Stücke der eindrucksvollen mittelalterlichen Stadtmauer und Türme aus dem 14. und 15. Jahrhundert.

San Gimignano in einer eindrucksvollen Luftaufnahme. Die Stadt wuchs um eine uralte Befestigung herum. Der Erzbischof von Volterra, der hl. Abelard, der vom König Hugo der Provence dorthin geschickt worden war, um Ordnung und Ergebenheit aufrechtzuerhalten, war der erste Herrscher über die wenigen Einwohner. Der Ort hatte nämlich einen hohen strategischen Wert, da er die Straße beherrschte, die die Hauptstadt des damaligen italienischen Königreiches Pavia mit Rom verband und von dort weiter bis zu den Häfen Apuliens führte, von wo die Schiffe in den Orient aufbrachen. Gerade diese Lage an der berühmten Via Francigena, der Frankenstraße, war es, die die Entwicklung der Stadt so sehr förderte, daß sie eine der reichsten und mächtigsten Mittelitaliens wurde.

Links: Lucca aus der Luft gesehen. Unten, ganz im Vordergrund, sieht man das Bollwerk von San Donato im nordwestlichen Abschnitt der Stadtmauer. Rechts befindet sich das Bollwerk San Paolino, links das Bollwerk Santa Croce. Die Bepflanzung der Mauer und deren Umgestaltung zu einem Park wurde zu Beginn des 19. Jahrhunderts durchgeführt. Oben sieht man einen Ausschnitt des historischen Zentrums, im oberen Bereich der Aufnahme: der Dom.

Die Kirche San Frediano in Lucca wurde zwischen 1112 und 1147 unmittelbar an die erste Stadtmauer gebaut, so daß der Glockenturm zunächst eher militärischen als religiösen Funktionen gedient haben soll. Diese Kirche hat eine erstaunliche und geheimnisvolle Geschichte. Es scheint, daß Fassade und Eingangsportal zunächst neben dem Turm geplant waren, wo sich jetzt die Apsis befindet. Im oberen Teil des Fotos: der pittoreske Platz des Amphitheaters, heute Piazza del Mercato.

Der Dom von Lucca. Im 6. Jahrhundert gegründet, wurde er mehrmals umgebaut; dadurch ist wohl die asymmetrische, sich an den Kirchturm anlehnende Fassade beim letzten Umbau entstanden. In dieser romanischen Anlage erheben sich über den drei großen Arkaden der Vorhalle drei Geschosse von Säulengalerien. Die Verschiedenheit der Formen und Materialien ist außergewöhnlich reichhaltig: Inkrustationen aus verschiedenfarbigem Marmor, glatte und gewundene Säulen in bewegtem Wechsel.

Zwei Aufnahmen des Aquädukts von Lucca. Trotz der klassischen Bogenform handelt es sich nicht um ein Bauwerk aus römischer Zeit. Der Aquädukt wurde von dem Architekten Lorenzo Nottolini unter der Regierung von Maria Luisa von Bourbon-Parma zwischen dem zweiten und dritten Jahrzehnt des letzten Jahrhunderts gebaut. Er verläuft etwa zehn Kilometer östlich der Stadt entlang der Autobahn Pisa – Montecatini und versorgt Lucca mit Quellwasser aus Guamo in der Nähe von Capannori. Neben dem Aquädukt hat Lorenzo Nottolini in Lucca noch zahlreiche andere Bauwerke hinterlassen, darunter die große Freitreppe, die zum ersten Stock der reich ausgestatteten staatlichen Gemäldesammlung führt.

Der Dom von Prato wurde auf einem Vorgängerbau, der Pieve di Santo Stefano aus dem 9. Jahrhundert, errichtet und stammt in seiner heutigen Form von dem Architekten Guidetto da Como aus dem Jahr 1211. Im 14. Jahrhundert wurde der Dom noch um ein großes Querschiff mit fünf spitzbogigen Kapellen erweitert. Berühmt ist die Kirche wegen der Reliquie des ›Heiligen Gürtels‹ der Jungfrau Maria, der in einer mit reichhaltigen Fresken verzierten Kapelle aufbewahrt wird. Der Gürtel soll ein Geschenk der Madonna an den hl. Thomas gewesen sein, der ihn an einen frommen Priester weitergegeben habe. Eine Großnichte dieses Priesters, eine Frau namens Maria, soll die Reliquie ihrem Gatten Michele Dagomari geschenkt haben, der sie nach einer gefährlichen Seefahrt der Stadt stiftete.

Prato, Castello dell' Imperatore, so genannt, weil es zwischen 1237 und 1248 auf Wunsch Friedrichs II. erbaut worden ist. Vorher befand sich an dieser Stelle eine andere Burg aus viel älterer Zeit, in der die Fürsten von Prato wohnten. Der einfache und mächtige Grundriß erinnert an andere staufische Kastelle in Apulien und Sizilien: ein quadratischer Grundriß mit ebenfalls quadratischen Türmen an den Ecken und weiteren in der Mitte der Außenmauern. Der Rundgang über die Mauer erschließt schöne Ausblicke auf die Stadt.

Der Dom von Pistoia erscheint auch im Zentrum der großen Panoramaaufnahme auf der rechten Seite. Im 5. Jahrhundert erbaut, wurde er im 13. Jahrhundert völlig umstrukturiert. Der äußerst elegante Portikus wurde im 14. Jahrhundert hinzugefügt; das Tonnengewölbe ist mit einer Terrakotta-Kassettendecke von Andrea della Robbia geschmückt. Der 67 Meter hohe Glockenturm war ursprünglich ein langobardischer Wachturm, dessen wuchtigem Unterbau im 13. Jahrhundert drei Geschosse mit Säulengalerien aus weißem und grünem Marmor hinzugefügt wurden. Das Baptisterium mit seinem achteckigen Grundriß wurde 1338 von Cellino di Nese nach einem Plan von Andrea Pisano gebaut.

Monteriggioni, der »ganz in seinem runden Mauerwerk verschlossene« Ort, wie ihn Dante Alighieri beschreibt. Die Umfassungsmauer wurde zunächst 1213 und darauf mit solideren Verteidigungsanlagen zwischen 1260 und 1270 errichtet. In die Mauer sind 14 Türme eingebaut: sieben von diesen Türmen sind höher und stärker als die anderen. Das »runde Mauerwerk« von dem Dante spricht, ist gerade einmal 570 Meter lang. Rechts unten auf dem Foto sieht man ein Stück der Provinzstraße durch das Elsa-Tal.

Links: Panoramaaufnahme von von Cortona. Die Stadt wird noch vom Rund der alten Mauern umgeben, die an den steilen Abhängen des Monte Sant' Egidio entlang zum Medici-Fort Girifalco emporsteigen, das 1556 erbaut wurde. Die Stadtanlage ist die ursprünglich etruskisch-römische mit ihren beiden Hauptstraßen, die sich im Zentrum des Ortes treffen, wo die wichtigsten Gebäude, der Palazzo del Comune und der Palazzo Pretorio stehen, während der Dom sich weiter nördlich über die Ebene erhebt. Oben: eine Detailaufnahme des Zentrums, man sieht die Kirche San Filippo mit der charakteristischen azurblauen Kuppel. Die Kirche stammt von Antonio Jannelli aus dem Jahr 1720.

Arezzo mit der herrlichen romanischen Anlage der Pieve di Santa Maria, welche völlig intakt das mittelalterliche Zentrum der Stadt widerspiegelt. Der Glockenturm wird wegen der großzügigen Doppelbogenfenster, die sich paarweise fünfmal übereinander öffnen ›delle cento buche‹ (der 100 Löcher) genannt. Von der Pieve gelangt man durch die charakteristische Via della Seteria auf die Piazza Grande mit dem Palazzo del Tribunale und dem Palazzo della Fraternità dei Laici. Eine Seite des Platzes – auf dem Foto im Sonnenlicht – wird von dem großartigen Palazzo delle Logge beherrscht, der auf einen Plan Vasaris zurückgeht.

Im Süden der Stadt, nicht weit vom Bahnhof entfernt, sind Reste des römischen Amphitheaters erhalten. Der Bau geht auf das Ende des 1. und den Anfang des 2. Jahrhunderts n. Chr. zurück: Auf elliptischem Grundriß mit zwei Treppenreihen ist es 121 Meter lang und 63 Meter breit. Das Amphitheater konnte circa 8 000 Zuschauer aufnehmen. Schon in etruskischer Zeit scheint Arezzo sehr bedeutend gewesen zu sein. Wahrscheinlich war Arezzo eine der zwölf ›Lucumonien‹, Stadtstaaten, an deren Spitze ein Priesterkönig stand, den die Römer ›lucumo‹ nannten. Unter den Römern wurde die Stadt aufgrund ihrer strategischen Position an der Via Cassia ein noch wichtigerer Militärstützpunkt.

Oben: der Dom von Volterra, ihm gegenüber das Baptisterium mit seiner achteckigen Kuppel und links der Glockenturm mit seinen Doppelbogenfenstern. Links die außergewöhnliche Gesamtansicht der Stadt: den Vordergrund überragt die Fortezza, eines der eindrucksvollsten Beispiele der Militärarchitektur der Renaissance. Die Festung besteht aus zwei Teilen: der trapezförmigen ›Rocca Vecchia‹ auf der rechten Seite und der quadratischen ›Rocca Nuova‹ mit vier Wachtürmen an den Ecken und einem in der Mitte. Die ›Rocca Vecchia‹, auch »La Femmina« genannt, stammt aus dem 14. Jahrhundert, während die ›Rocca Nuova‹, »Il Maschio« genannt, auf Wunsch von Lorenzo dem Prächtigen nach 1472 entstand.

Collodi, zwischen Montecatini und Pisa gelegen, ist vor allem dadurch bekannt, daß es dem Schriftsteller Carlo Lorenzini, dem Autor des berühmten Kinderbuches »Pinocchio«, als Pseudonym diente. Im Vordergrund sieht man die große Villa Garzoni, die im Jahr 1600 auf den Resten eines mittelalterlichen Kastells entstanden ist. Im anliegenden Park bewundern die Touristen das Pinocchio gewidmete Denkmal mit der Fee Turchina, ein Werk von Emilio Greco.

Das uralte und pittoreske Städtchen Pitigliano, das auf einem Tuffelsen thront, erhebt sich über die Gräben von Meleta, Leuta und Prochio. Die Häuser des Städtchens bilden durch ihre unmittelbare Aneinanderreihung zusätzlich zur natürlichen Lage eine eindrucksvolle, ununterbrochene Verteidigungsanlage. Am Ende des 13. Jahrhunderts ging die Stadt von der römischen Adelsfamilie der Aldobrandeschi an die Familie Orsini über, die daraus die Hauptstadt ihrer Grafschaft machte und einen Bischofssitz einrichtete. Den Orsini verdankt die Stadt nicht nur ihre mächtigen Verteidigungsanlagen, sondern auch die in das mittelalterliche Stadtbild eingefügten Renaissance-Bauten. In den Jahren von 1543 bis 1545 war hier Sangallo der Jüngere tätig.

Montepulciano, eine vornehme Stadt, zwischen Chiana- und Orcia-Tal auf einem Hügel erbaut, birgt wertvolle Spätrenaissance-Bauten. Auf dem Foto erscheint oben links der Dom, der zwischen 1592 und 1630 auf den Resten der alten Pfarrkirche erbaut wurde, deren eleganter Glockenturm aus dem 15. Jahrhundert noch erhalten ist. Im Mittelpunkt der Piazza: der Palazzo Comunale, der in der zweiten Hälfte des 14. Jahrhunderts errichtet wurde.

Pienza ist eine der berühmtesten Kunststädte der Toscana. Zunächst war Pienza nur ein bescheidenes mittelalterliches Kastell namens Corsignano. Nachdem es zuerst in den Besitz der Abtei Monte Amiata gefallen war, gelangte es später an die Sieneser Adelsfamilie der Piccolomini. Und es war auch ein Piccolomini, Enea Silvio, dort 1405 geboren, der, nachdem er 1458 Papst wurde (Pius II.), beschloß, den kleinen Ort in eine ideale Renaissancestadt umzuwandeln und sie Pienza zu nennen. Rechts auf dem Foto sieht man die zwischen 1459 und 1462 nach den PLänen von Bernardo Rossellino errichtete Kathedrale, im Zentrum des Fotos die majestätische Loggia und den Garten des Palazzo Piccolomini.

Pescia, das wichtigste Zentrum des Nievole-Tals, liegt zwischen Lucca und Pistoia. In den vergangenen Jahrhunderten blühten dort die Druckkunst, das Gerben von Fellen und der Anbau von Maulbeerbäumen für die Seidenraupenzucht. Seit der Nachkriegszeit hat sich die Wirtschaft auf die Blumenzucht spezialisiert. Das Foto zeigt einige der großen Gewächshäuser, in denen die Blumen witterungsgeschützt herangezogen werden. Pescia ist daher die gefürchtetste Rivalin von San Remo, der Stadt an der ligurischen Riviera, die in der Blumenanzucht die erste Stelle einnimmt. Pescia liegt an beiden Seiten des gleichnamigen Flusses. Ursprünglich war sie in ›quinti‹, also in fünf Sektoren eingeteilt; vier auf der rechten und einer auf der linken Uferseite.

Die wegen ihrer lieblichen Landschaft sowie ihrer vielfältigen historisch-künstlerischen Kleinodien gefeierte Umgebung von Florenz: im Vordergrund die Villa del Tondo, die eine der ersten Schleifen der gewundenen Via di San Domenico beherrscht. Die nach dem Krieg erneuerte und vergrößerte Villa zeichnet sich durch die symmetrische süditalienische Fassade aus, deren Mittelteil sich über den Rest des Gebäudes erhebt.

Die HÜGEL

Ein sanfter Hügel, an dem die geordneten Reihen der Weinstöcke emporklettern; ein goldfarbenes Kornfeld; ein grünes Feld, das sich wie ein weicher Teppich ausbreitet; ein frisch gepflügter Acker voller großer, dunkler und feuchter Erdschollen; Olivenhaine mit dem silbrigen Flimmern ihrer Blätter; und oben, zwischen den Zypressen, die schlichte Schönheit eines Bauernhauses oder die Eleganz einer herrschaftlichen Villa.

Dies ist das klassische Szenarium der toscanischen Hügellandschaft, und man könnte sagen der Toscana überhaupt, denn zwei Drittel der Region bestehen aus Hügelland. Der Begriff Hügel ist ungenau, da es schwierig ist genau festzustellen, wo die Hügel enden und die Berge beginnen. Vornehmlich bergig ist es südlich des Apennin in der nördlichen Toscana, hügelig in der offeneren, südlichen Toscana. Die Bauwerke sind weltlicher oder kirchlicher Natur: das Bauernhaus und die Villa auf der einen Seite, die Kirche und das Kloster auf der anderen.

Eine genaue Auflistung auch nur der bedeutendsten Bauten ist praktisch unmöglich. Der Führer des Touring Club Italiano nennt allein in Florenz 16 Villen und in der Umgebung weitere 105. In der ganzen Region kommt man auf Tausende Villen. Nicht wesentlich geringer ist die Anzahl von Abteien, Klöstern, Einsiedeleien und Kapellen, die man entlang der stillen Straßen mitten in der Landschaft antrifft. Weltliche und kirchliche Bauten sind grundlegende Elemente im Bild der toscanischen Hügellandschaft.

»Das Leben eines Florentiners«. schreibt J. Lucas-Dubreton in seinem Werk »So lebten die Florentiner zur Zeit der Medici«, »gründet sich auf drei Gewißheiten: das Haus, in dem er wohnt, die Werkstatt, in der er arbeitet, und schließlich die Villa oder das Landhaus. In der Umgebung, zum Beispiel im Mugello, dem Gebiet oberhalb des Sieve-Tals, einem Seitental des Arno-Tals, hat der Kaufmann seinen Landsitz. Die alten zerstörten Schlösser sind friedliche Häuser geworden, in denen sich die Woll- und Seidenhersteller mit ihren Familien ausruhen: auf einer Fläche von 20 Meilen gibt es über 800 solcher Burgen mit Mauern aus Stein und Kalk. Diese Wohnsitze werden pompös ›palazzo‹ genannt ...«.

Die von dem Orden der Passionisten neben ihrem Kloster vor weniger als einem Jahrhundert erbaute Kirche San Paolo della Croce. Dies ist ein unerwartet einsamer und stiller Ort in der Nähe der ohrenbetäubenden Autobahn Firenze-Certosa, den man über die Via Colleramole erreicht.

Häufig handelte es sich hierbei um ein umgebautes und restauriertes Bauernhaus. Der neue Besitzer baute sich ein eigenes, neues Gebäude neben den alten Bauernhof. Die herrschaftliche Villa hingegen entstand als einheitliches Projekt, als Symbol und als Ort der Flucht aus der Stadt. Auch in der Villa beschäftigte sich der Besitzer natürlich mit seinem landwirtschaftlichen Betrieb: mit dem Verlauf der Ernte, mit der Gesundheit des Viehs, mit Instandsetzungsarbeiten und mit dem Verhältnis zu seinen Pächtern.

1458 ließ sich Cosimo de' Medici in Fiesole von Michelozzo eine Villa bauen, die so schön gelegen war, daß sie ›Belcanto‹ genannt wurde. In dieser Villa diskutierte Lorenzo der Prächtige mit den Gelehrten und Künstlern seines Hofs: Angelo Poliziano, Pico della Mirandola, Cristoforo Landino; sprühende Intelligenz, erlesener Geschmack und ausgeprägte Lebenslust kennzeichneten ihre Freundschaft. Es war kein Zufall, daß der große Dichter Boccaccio 110 Jahre früher sein Hauptwerk »Decamerone« in einer Villa unterhalb Fiesoles spielen ließ. Diese bildete den Zufluchtsort für sieben junge Frauen und drei junge Männer, die das von der Pest

Das Örtchen Artimino in der Umgebung von Florenz. Es besaß im Mittelalter ein Kastell, das auf frühere etruskische und römische Anlagen zurückging. Erhalten sind noch das Eingangstor des ersten Wachturms und einige Teile der alten Mauer. In Artimino steht eine der schönsten Medici-Villen, »La Ferdinanda«, welche auf Wunsch Ferdinandos I von Bernardo Buontalenti gebaut wurde, der 1594 mit den Arbeiten begann.

verseuchte Florenz verlassen hatten und sich arglistige und delikate Geschichten erzählten. Wenn man aber von den Hügeln und Villen der Toscana spricht, so denkt man vor allem an das Chianti-Land. Chianti ist ein überall bekannter Name, da er mit dem des berühmten Weins übereinstimmt. Diesem Ruhm steht die geringe Größe des Gebiets gegenüber, das nicht mehr als 300 Quadratkilometer Hügellandschaft zwischen dem Arno-Tal südlich von Florenz und dem Ombrone-Tal nördlich von Siena umfaßt. Harald Acton, der gebürtige Engländer und Wahl-Florentiner, bezweifelt, daß aller unter dem Namen ›Chianti‹ verkaufte Wein wirklich von hier stammt.

Das Gebiet ist also klein, aber voller architektonischer Sehenswürdigkeiten. In seinen außergewöhnlichen Weinbergen werden die schwarze Sangiovese-, die schwarze Canaiolo- sowie die weiße Trebbiano- und die weiße Malvasia-Traube angebaut. In der Erinnerung des Reisenden vermischen sich die Etiketten der Weinflaschen mit den Wappen von Gemeinden und Adelsfamilien. Sehr oft stimmen die Wappen bestimmter Familien seit Jahrhunderten mit denen einiger Städte überein.

Die Geschichte dieser klangvollen Namen ist nie friedlich gewesen: Radda, Barberino, Castelnuovo Berardenga, Castellina, Gaiole, Greve, Poggibonsi, San Casciano und Tavernelle sowie 80 weitere Gemeinden. »Hier haben sich alle Kriege abgespielt«, erzählte mir der Baron Ricasoli, als er mich in seinem Schloß Brolio in der Nähe von Gaiole beherbergte. »Und dennoch haben wir nie die Lust zu singen und zu trinken verloren.«

Schloß Brolio existierte schon zur Zeit Karls des Großen; das Haus der Familie Ricasoli besteht seit dem 12. Jahrhundert. Unzählige Male mit unterschiedlichem Ausgang belagert, zerstört und wieder aufgebaut, hat es Tausende von Soldaten, zuerst mit Schwert und Lanze, dann mit Armbrust und Büchse, mit Kanonen, Gewehren und Maschinenpistolen vorbeiziehen sehen: Die letzten Einschüsse stammen von 1944, als die achte britische Armee Italien befreite. Damals war Schloß Brolio noch genauso strategisch bedeutsam wie tausend Jahre zuvor. In seinen Kellern aber alterte damals wie heute in den großen Eichenfässern der Chianti.

Auch wenn für den echten Toscaner die wichtigste Straße die Chiantigiana ist, so darf man darüber eine andere Straße, die zu unzähligen Thermal-Kurorten führt, nicht vergessen; der wichtigste ist Montecatini. Die Umgebung ist immer noch hügelig – wir befinden uns westlich von Florenz auf halber Strecke zwischen Pistoia und Lucca – aber die Szenerie ist unerwartet. Beim Anblick der Bauten fühlt man sich nicht mehr »ins 16. Jahrhundert zurückversetzt«, wie Stendhal beim Anblick des Palazzo Strozzi in Florenz meinte. Sie erinnern weniger an die Vergangenheit, sondern sind der Gegenwart verhaftet; sie demonstrieren, was man zu Beginn dieses Jahrhunderts als wegweisend für die Zukunft betrachtete. Eine typische Thermenbauweise also, ein bißchen großbürgerlich und geziert, aber nicht ohne eine gewisse Eleganz. Die sulfatalkalihaltigen Quellen, die seit der Antike bekannt waren, sind in einem medizinischen Text des 14. Jahrhunderts zum ersten Mal schriftlich bezeugt; das »De Balneorum Italiae proprietatibus« (über die Besitzverhältnisse der Thermalquellen in Italien) lobte die therapeutischen

Die Fattoria dell' Amorosa in Sinalunga, dem Herzen des Chiana-Tals. Innerhalb der alten Gemäuer des Gutes befindet sich heute eines der berühmtesten Restaurants der Toscana. Sinalunga heißt der Ort seit 1864, als es unschicklich erschien, den ursprünglichen Namen »Asina-lunga« beizubehalten. Es scheint in der Tat so, als ob Sinalunga in früheren Zeiten wegen eines besonders langen Esels bekannt gewesen sei, der den Ort ständig in Verruf brachte. 1867 wurde Giuseppe Garibaldi in Sinalunga verhaftet, als er versuchte, die römischen Aufständischen zu erreichen.

Die monumentale Anlage der Certosa di Farneta, nur wenige Kilometer von Lucca entfernt, liegt an der Straße nach Pietrasanta. Die Certosa wurde im 14. Jahrhundert erbaut, als Lucca noch unter den sich abwechselnden Herrscherfamilien litt (von Uguccione della Faggiuola über Castruccio Castracani und die Rossi aus Parma zu den Scaligeri); sie wurde im Laufe der Jahrhunderte infolge der wachsenden Bedeutung des Benediktinerordens vergrößert. Im Mittelpunkt der Gesamtanlage öffnet sich noch immer der quadratische Kreuzgang. In der Kirche wird eine Reliquie des Heiligen Kreuzes, in vergoldetes Silber gefaßt, aufbewahrt, eine wertvolle byzantinische Goldschmiedearbeit aus dem 7. Jahrhundert.

Eigenschaften bei Leberkrankheiten. Wenig später entstanden hier die ersten Anlagen auf Initiative der Regierung von Florenz: Ende des 15. Jahrhunderts wurde die gesamte Thermenanlage Privatbesitz der Medici – ein Zeichen dafür, daß sie schon damals recht einträglich war. Die wirkliche Entwicklung im modernen Sinn des Wortes begann aber erst zwei Jahrhunderte später unter der aufgeklärten Herrschaft der Großherzöge von Toscana, denen auch die Bodenverbesserung der zum Großteil damals noch sumpfigen Gegend zugeschrieben wird. Zu Beginn des 20. Jahrhunderts waren die Thermen- und Hotelanlagen schon so ausgebaut, daß man die Gründung einer eigenen Gemeinde, Bagni di Montecatini, beschloß.

Bauernhöfe, Villen, Schlösser, Burgen, Weinberge, Olivenhaine, Weinkeller und Ölpressen, Wiesen, Wälder und Thermalquellen: Dies alles ist die ›weltliche‹, oder besser würde man sagen, ›heidnische‹ Seite der toscanischen Hügellandschaft. Denn im Mittelpunkt dieser Landschaft stand immer der Renaissance-Mensch, der sich als Herrscher des Universums fühlte und beschlossen hatte, das Leben, so lange es dauerte, zu genießen. Bevor mit der Renaissance eine neue Zeit begann, hatte das mittelalterliche Denken sein Heil im Jenseits gesucht, Christus als Retter aus der irdischen Misere, die Madonna und die Heiligen als Fürsprecher. Diese Religiosität prägte die andere Seite der toscanischen Landschaft. Zeugen dafür sind überall zu finden: von der winzigen Station eines Kreuzwegs, wo die Zeit das einfache Fresko eines unbekannten Malers hat verblassen lassen, bis zu den großartigen Abteien voller Kunstschätze und reichhaltiger Bibliotheken.

Zumindest einige dieser Abteien sollten von dem Reisenden, der unter die Oberfläche blikken will, besucht werden: z. B. die Abtei San Salvatore auf den Hängen des Monte Amiata. Von dem Langobarden Ratchis im Jahre 743 gegründet, war sie zuerst Sitz der Benediktiner, dann der Camaldulenser und schließlich der Zisterzienser. Bis heute ist sie eine der reichsten und schönsten Abteien der Toscana geblieben.

Dann die Abtei Farneta in der Nähe von Cortona: weitere tausend Jahre Geschichte; oder die grandiose Abtei von Monte Oliveto Maggiore auf einem Hügel in den *Crete,* den kargen Lehmhügeln um Siena. Sie geht auf den Anfang des 14. Jahrhunderts zurück und enthält wunderbare Fresken von Sodoma und Luca Signorelli. Die Abtei von San Galgano würde ein eigenes Kapitel verdienen. Dazu kommt noch die Abtei von Sant'Antimo, die von Karl dem Großen auf den Hügeln zwischen Asso und Ombrone gegründet wurde; diese Abtei war im Mittelalter einer der einflußreichsten Feudalsitze des Umlandes von Siena.

Die andächtige Pilgerschaft auf der Spur einer so großen Vergangenheit zwischen diesen Hügeln ist mit den gegebenen Beispielen sicherlich noch nicht erschöpft: zu zahlreich sind die Orte des Glaubens. Und selbst die Religion mußte die toscanische Sprache lernen: Das Lächeln der Madonna vor ihren kostbaren Bildhintergründen gleicht mehr der Grazie einer antiken Venus als der Demut der Gottesmutter. Aber auch das ist Religion!

Die Reste der Abtei San Galgano an der südwestlichen Grenze der Provinz Siena. Die Abtei wurde zwischen 1224 und 1288 an der Stelle

errichtet, an die sich der junge Ritter Galgano Guidotti in die Einsamkeit zurückzog, nachdem er sein Schwert als Zeichen des Verzichtes auf jedwede Gewalt in einen Felsen gestoßen hatte. Wie sein Zeitgenosse Franziskus von Assisi (Galgano wurde 1148, Franziskus 1182 geboren) war auch Galgano ein Heiliger, der sich der Natur verbunden fühlte: die Legende erzählt, daß er mit den Vögeln sprach und daß die Wölfe über ihn wachten. Vier Jahre nach seinem Tod, 1185, sprach Papst Lucius III. Galgano heilig und ordnete an, eine Kapelle an der Stelle zu errichten, wo er gelebt hatte und gestorben war. Nicht weit von der Kapelle entfernt wurde dann die Abtei erbaut.

Wir befinden uns in den Hügeln südöstlich von Florenz. Auf dem Foto sieht man rechts oben die Torre del Gallo: Im Mittelalter war dies einer der wichtigsten Wachtürme der Stadt Florenz, von dem aus man die Straßen von Siena überwachte. Der Turm gehörte zunächst der Familie Lamberteschi und später den Manfredini. Zum Turm gehört eine Villa, in der ein Fresko des Pollaiuolo erhalten ist; dieses stellt ein Trinkgelage dar.

Der Anblick der Hügel in verschwommenem Licht beschwört die Faszination eines alten chinesischen Druckes. Das Foto zeigt die Landschaft bei Siena, die von der Via Francigena durchquert wird. Auf dieser bewegte sich noch im 18. Jahrhundert der Strom der ›Grand Tour‹ wie schon im Jahr 1000 die Züge der Kreuzritter, der Händler und Pilger. Der mit einem eigenen Gespann Reisende des 18. Jahrhunderts legte etwa 25 Meilen am Tag zurück. Mit der Postkutsche, die ihre Pferde wechselte, kam man schon auf 70 Meilen täglich.

Das Panorama von Fiesole oberhalb von Florenz. Auf der Höhe des Hügels sieht man den Glockenturm der Kirche San Francesco aus dem 14. Jahrhundert. San Francesco ist als Oratorium des nahegelegenen Frauenklosters der ›Romite Fiorentine‹ entstanden. Etwas tiefer, im Mittelpunkt der Abbildung, befindet sich der Turm des Palazzo Comunale. Die etruskische Gründung Fiesole bewahrt grandiose Zeugnisse ihrer Ursprünge (es sind noch längere Stücke der etruskischen Mauern erhalten) und der römischen Eroberung: Aus dieser Zeit haben Ausgrabungen das Amphitheater, die Thermen und Reste von einigen anderen profanen und religiösen Bauten freigelegt.

Die Hügel, die Florenz umgeben, sind von erhabenen Kirchen und Villen gekrönt, auch wenn diese nicht immer alt sind. So auch die Anlage der Torre del Gallo auf diesem Foto, welche zu Beginn des 20. Jahrhunderts der damaligen Mode entsprechend wiederaufgebaut wurde: Auf mittelalterlichen Resten ist sie mehrfach von dem Antiquitätenhändler Baldini restauriert worden, der daraus ein Ausstellungsgebäude für seine Ausstattungs- und Kunstsammlungen machen wollte.

Die Collina di Arcetri südlich von Florenz mit ihrer Sternwarte. Hier in der Villa »Il Gioiello« starb 1642 Galileo Galilei. Nach der ersten Verurteilung durch das Heilige Offizium im Jahre 1616 zog sich Galilei, schon in schlechtem Gesundheitszustand, hierher zurück, um näher bei seiner geliebten Tochter Virginia zu sein, die in einem nahe gelegenen Kloster als Nonne mit dem Namen Schwester Maria Celeste lebte. Virginia starb 1634 frühzeitig ein Jahr nach der zweiten und heftigeren Verurteilung ihres Vaters durch das Heilige Offizium.

Die Hügellandschaft in der Umgebung von Florenz beherbergt hauptsächlich mittelalterliche und Renaissance-Bauten. Manchmal findet man aber auch sehr interessante spätere Bauten. Diese Villa, zu der man über eine lange Allee, die in einen italienischen Garten mündet, gelangt, stammt aus dem großherzoglichen 18. Jahrhundert. Die klassizistische Fassade verliert ihre Symmetrie nur durch die Anbauten.

Wir befinden uns in den Hügeln um Lucca. Dieser kleine Bauernhof ist mit seinen architektonischen Proportionen der mittelalterlichen Aufteilung nachempfunden. Auch hier beherrscht ein großer Bau, ähnlich dem alten Kastell, die anderen Gebäude; aber diesmal ist es nur das Haus des Vaters, von dem sich die Söhne gelöst haben, indem sie andere, kleine Gebäude, der überlieferten Hierarchie folgend, daneben gesetzt haben. Heute sind diese Häuser häufig völlig unbewohnt und daher erbitterten Spekulationen ausgesetz . Der pathetische Wunsch, zur Natur zurückzukehren, bewegt die aus den europäischen Großstädten Flüchtenden dazu, aufs Land zu ziehen, wo sie allerdings dennoch auf die gewohnten Bequemlichkeiten nicht verzichten wollen.

Dunkelgrün, hellgrün, weiß, rostrot, selbst azurblau kann die toscanische Landschaft sein. Diese plötzlichen und eindrucksvollen farblichen Varianten sind aber nicht nur ästhetisch schön, sondern spiegeln auch eine geschichtliche Entwicklung wider: Mit den Jahrhunderten ist diese Landschaft durch den Menschen tiefgreifend verändert worden. Das mittelalterliche Leben war ganz vom Umfeld des Herrensitzes geprägt. Später wurden die Ansiedlungen offener und verteilten sich, was durch die Ausbreitung der Erbpacht und der Halbpacht eingeleitet wurde. Hierbei hatte derjenige, der das Land bearbeitete, endlich Gelegenheit, zumindest teilweise von seiner Arbeit zu profitieren und damit nicht nur den jeweiligen Herrn zu bereichern.

Ein Weinberg in der Chianti-Region, wo der Weinanbau geradezu zur graphischen Kunst wird. Der toscanische Weinberg verdankt seine besondere Schönheit teilweise auch den Höhenunterschieden des Bodens. Neben Sangiovese sind Canaiolo, Malvasia und Trebbiano die Hauptrebensorten, die alle zusammen dem Chianti die rubinrote Farbe und den leichten Veilchenduft geben. Die Bezeichnung Chianti ist auch auf nahegelegene Gegenden wie Val d'Elsa, Val di Pesa, Poggibonsi, San Casciano Verberino und Castelnuovo Berardenga erweitert worden.

Das Sträßchen schlängelt sich zwischen Zypressen zum Gipfel des Hügels hinauf, und der Blick ruht auf den vielen verschiedenen Grüntönen. So sehr auch Menschen und Dinge durch den Fortschritt verändert wurden, ist diese Art von toscanischer Impression erhalten geblieben: In einem Bild wie diesem erkennt man noch die Ursprünge der Weihnachtskrippen des 13. Jahrhunderts mit dem langen Zug der Ritter und Schäfer, die von Engeln, die die frohe Botschaft verkünden, zum Stall von Bethlehem geführt werden.

Das Land, das dem berühmtesten Wein Italiens den Namen gibt, besitzt in seinen alten Pfarreien, seinen Burgen, Gutshöfen und seinen Landhäusern zahlreiche chrakteristische Bauten. Die ursprüngliche architektonische Einheit dieser Burg ist beim Umbau von einer Militär- zu einer Zivilanlage von Grund auf umstrukturiert worden. Man beachte zum Beispiel, wie der Innenhof durch die spätere Überdachung, genau wie der Mauerumgang, verschwunden ist. Die Fassade, an der sich früher mit großer Wahrscheinlichkeit eine Hängebrücke befand, ist heute mit einer eleganten Loggia verziert. Vom Wassergraben, der einst das Schloß umgab, ist nichts mehr zu erkennen.

Wir befinden uns immer noch im Chianti-Land, zwischen dem Flußlauf des Arno, südlich von Florenz, und dem des Ombrone, nördlich von Siena. Das Foto zeigt den Boden mit seinen verschiedenen Farbabstufungen. Man findet hier Mergel-Kalksteinböden, lehmige Sandböden und Schiefergestein, das auch ›galestro‹ genannt wird. Mehr als die Hälfte der Oberfläche ist mit Eichen, Kastanien, Steineichen und Nadelwald bedeckt. Die andere Hälfte ist Ackerland zwischen Weinbergen und Olivenhainen, die den Reichtum der Region ausmachen.

Die Burg ist wie das Bauernhaus ein nicht wegzudenkender Bestandteil des toscanischen Landschaft und erinnert durch Elemente, die dem ausländischen Touristen häufig entgehen, an die eine oder andere politische Parteiung, in die sich die Städte und Orte der Toscana aufteilten. Wenn die sogenannten ›merli‹, die Zacken, welche die Befestigungen krönen, eine quadratische Form hatten, so war die Burg guelfisch, stand also auf der Seite des Papstes. Wenn der Zackenkranz mit zwei Spitzen besetzt war, so war die Burg ghibellinisch, stand also auf der Seite des Kaisers.

Wechselhaft, aber immer eindrucksvoll ist die toscanische Landschaft, die im Chianti-Gebiet besondere Formen und Farben annimmt. Seit dem Altertum wegen seiner köstlichen Weine berühmt, ist das Chianti-Land mit nur 300 Quadratkilometern winzig. Harold Acton, der englische Diplomat und Wahlflorentiner, meint, daß, wenn der gesamte auf der Welt unter dem Namen Chianti verkaufte Wein wirklich ursprünglich von hier stamme, das Chianti-Gebiet so groß wie die zentralasiatische Steppe sein müsse.

Ein typischer Bauernhof im Chianti-Gebiet. Die Wirtschaft der Gegend basiert seit der Zeit der alten Römer weitgehend auf Weinanbau. Außerordentlich günstige Klimabedingungen und Bodenbeschaffenheit geben dem Wein der Region seinen einzigartigen Gehalt und Duft. Wie Zeus Vater aller Götter des Olymp war, so ist die schwarze Sangiovese-Traube Ursprung aller edlen toscanischen Rebsorten. Von dieser behaupten die Romagnoli von der anderen Seite des Apennins, sie stamme von ihrem Sangiovese ab. Vielleicht ist es sogar dieselbe Traube, die auf abenteuerlichem Weg in die Toscana gelangte.

Ein weiteres Beispiel ländlicher toscanischer Architektur inmitten von bebautem Land: Dies ist die Villa eines Grundbesitzers, der zur Erholung oder aber, um persönlich die eigenen landwirtschaftlichen Interessen wahrzunehmen, hierher kommt. Das Haus steht getrennt von den anderen Gebäuden, in denen die Bauern und Handwerker wohnen, durch welche die Selbstversorgung des Hofes gewährleistet wird. Die Villa ist größer und höher als die Reihenhäuser, obwohl sie ebenfalls zweistöckig gebaut ist. Die Eingangstreppe ist außen angebracht und unterstreicht durch ihre herrschaftliche Wirkung die Distanz zwischen Gutsherr und Personal.

Das strenge Festungsbauwerk Castello delle Quattro Torri liegt an der Staatsstraße zwischen Siena und Arezzo, wenige Kilometer von Siena entfernt. Zwischen dem 14. und 15. Jahrhundert auf quadratischem Grundriß erbaut, erinnert es sehr an das zeitgleich erbaute Kastell der Este in Ferrara. Die Burg besitzt schlanke Formen mit Ecktürmen und vorkragenden Gesimsen. Wie das Kastell von Ferrara drückt es einerseits Stärke, andererseits eine schon erreichte Sicherheit aus, obwohl aus Gründen der Vorsicht die Fenster der unteren Stockwerke noch sehr schmal und offenere Biforien und Triforien den oberen Stockwerken vorbehalten sind.

Das berühmte und eindrucksvolle Castello di Brolio im Herzen des Chianti-Landes. Hier sind alle Kriege bis zum letzten vorbeigezogen, als die Artillerie der Achten Britischen Armee nochmals die starken Mauern durchbrach. Diese Mauern haben die Geschichte von mehr als 1000 Jahren vorbeiziehen sehen. Tatsächlich gibt es vom Castello di Brolio Zeugnisse, die auf das 9. Jahrhundert zurückgehen und belegen, daß es sich seit dem Jahr 1141 im Besitz der Barone Ricasoli befindet. Noch heute ist es ein Ricasoli, der in diesem Schloß lebt, und der sich wie alle seine Vorfahren mit dem Weinanbau beschäftigt. Der Wein reift in den riesigen Gutskellern heran, bis er auf den Markt gebracht werden kann.

Mit Bildern wie diesem vor Augen, versteht man, warum der Begriff »painted landscape«, gemalte Landschaft, geprägt wurde. Dieser bezeichnet auf sehr treffende Weise den Eindruck, der sich in der Toscana so häufig bietet: man meint, sich mitten in einem Gemälde zu befinden. Ein Ausschnitt der Sieneser Campagna an einem Herbsttag: Die gewellte und geschickt bearbeitete Bodenfläche wird von einem Waldstreifen mit rötlich-lebhaften Farbtönen unterbrochen.

Wir befinden uns wieder im Chianti-Land. Des Menschen Hand hat ein zusammenhängendes Bild geschaffen, dessen geometrische Perfektion sich in der Kultivierung des Landes erweist. Dem widersetzt sich häufig die spezielle Bodenbeschaffenheit, die über Nutzung und Anbau entscheidet. Das Bild ist wegen der Bewegung der Linien und der reichen Farbpalette dennoch immer eine Augenweide.

Wenn man Toscana sagt, so denkt man an den Weinstock, den Olivenhain, an die dunklen, strenglinigen Zypressen, die trotz intensiver Bodennutzung zum Glück noch erhalten geblieben sind, und die weiten Horizonte, die wie ewige Wächter die Landschaft begrenzen. Aber selbst im Chianti-Land, das als Symbol des Weines und Olivenöls gilt, sind weite Teile bewaldet. Das Chianti ist das Land sanfter Hügel und erhabener Berge; diese bilden die natürliche nordöstliche Begrenzung einer Region, die sonst räumlich nicht klar festgelegt ist.

In der toscanischen Landschaft und besonders im Chianti setzen noch heute die weißen Flecken großer und kleiner Schafherden Farbtupfer. Sie spiegeln den immerwährenden jahreszeitlichen Wechsel wider, wie er sich zwischen den Hügeln und den milderen Weiden entlang der Küste des tyrrhenischen Meeres vollzieht. Seit vielen Jahrhunderten wird hier der bekannte toscanische Pecorino hergestellt, der durch das außergewöhnliche und reiche Futterangebot ein delikates Aroma gewinnt.

Das Kastell von Montecchio zwischen Arezzo und Cortona, noch immer umgeben von einem Mauergürtel, der den Widrigkeiten der Zeit und der Menschen fast 1 000 Jahre lang getrotzt hat. Die Burg gehörte zunächst der aretinischen Familie der Guisponi, dann den Markgrafen von Santa Maria, darauf der Republik Arezzo, schließlich zur Republik Florenz, die es in Anerkennung der geleisteten Dienste dem englischen Heerführer John Hawkwood schenkte. Da sein Name für italienische Zungen unaussprechbar war, vereinfachten sie ihn zu Giovanni Acuto. Der Mauerumfang beträgt knapp 263 Meter. Vom Palast innerhalb des Mauergürtels sind nur die Außenmauern stehengeblieben.

Vor den Toren Sienas sieht man die eindrucksvolle Fortezza von Lecceta inmitten eines dichten Waldes. Es ist eine der ältesten Einsiedeleien Europas, die von einigen Augustinermönchen im 5. Jahrhundert n. Chr. gegründet wurde. Das Kloster, das im Laufe der Zeit vergrößert und weiter befestigt worden ist, wurde 1810 von Napoleon säkularisiert. Nach einem Brand war die Kirche 1317 wieder neu errichtet und später im 17. Jahrhundert nochmals umgebaut worden. Im Inneren befinden sich zwei Kreuzgänge, der eine mit Bögen auf Säulen aus dem 13. Jahrhundert, der andere aus Terrakottapfeilern aus dem 15. Jahrhundert. Momentan ist der Gebäudekomplex völlig verlassen und läuft Gefahr, hoffnungslos zu verfallen..

Die Abtei Monte Oliveto Maggiore im Arbia-Tal südlich von Siena. Die gesamte Klosteranlage hat sich um eine Einsiedelei herum entwickelt. In diese zog sich 1310 der Rechtsprofessor Bernardo Giovanni Tolomei, der von einer der reichsten und berühmtesten Sieneser Familien abstammt, zu Gebet und Buße zurück. Drei Jahre später gründete Bernardo seinen Orden, den der Olivetaner, welcher 1319 vom Bischof von Arezzo anerkannt und den benediktinischen Ordensregeln unterstellt wurde. Die Arbeiten an der Kirche begannen 1320 zusammen mit denen des Klosters. Die Abtei besitzt zahlreiche Kunstwerke und eine Bibliothek von unschätzbarem Wert.

Man sieht die Abtei von San Leonardo ad Artimino, ein uralter Ort, der aus einer zunächst etruskischen und dann römischen Siedlung entstanden ist. San Leonardo ad Artimino liegt in der heutigen Provinz Florenz. Nach der Legende wurde die Abtei 1107 von der Gräfin Mathilde von Canossa gegründet. Der romanische Bau ist durch sorgfältige Restaurierungen wieder ans Tageslicht getreten. Zu Beginn des 18. Jahrhunderts hatte ein ungeschickter Umbau die Spuren der romanischen Architektur fast völlig verschwinden lassen. Unter anderem sind durch die Restaurierung zahlreiche etruskische Urnen wiedergefunden worden, die bei vorherigen Umbauten als Mauerwerk benutzt worden waren. Das Innere ist dreischiffig mit gotischen Gewölben und halbrunden Apsiden.

Die Toscana, das Weinland par excellence, ist auch ein Land der Quellen. Seine vielen Thermen sind seit der Antike bekannt wie die Therme von Saturnia zwischen Grosseto und dem Bolsena-See. Hier entspringt eine ca. 37° warme Quelle schwefelhaltigen Wassers, das zur Behandlung von Rheuma, Atemwegserkrankungen und Magen-Darmkrankheiten empfohlen wird. Nahebei liegt der Ort Saturnia, der noch von uralten Mauern einer voretruskischen Ansiedlung umgeben ist. Nach der Legende ist Saturnia die erste Stadt Italiens, vom mythischen Gott Saturn gegründet, der – von Zeus entthront – hier zwischen der Toscana und Latium Zuflucht gefunden hatte.

Die Heilquellen von Montecatini Terme, zwischen Pistoia und Lucca gelegen, waren schon in der Antike zur Heilung von Lebererkrankungen bekannt; 1583 kamen sie in den Besitz der Medici; aber erst in der zweiten Hälfte des 18. Jahrhunderts wurden sie auf Initiative des Großherzogs Peter Leopold, der ihre Verwaltung den Benediktinern von Florenz anvertraute, vernünftig und weitsichtig genutzt. So entstanden ein erstes Gebäude, welches ›Bagno del Rinfresco‹ genannt wurde, ein Wirtshaus und ein Krankenhaus. In der Folgezeit gründete man eine unabhängige Gesellschaft, die diesen Thermen einen großen Aufschwung gab. Heute werden acht verschiedene Quellen mit unterschiedlichen therapeutischen Zielen genutzt, bei einem Gesamt-Wasserausstoß von 1800 Litern pro Minute.

An der nordöstlichen Grenze der Toscana zwischen der tyrrhenischen Küste, Ligurien und der Emilia erheben sich die Apuanischen Alpen, deren Name von den antiken ligurischen Apuanern herrührt, die sich in dieser Gegend vor der römischen Eroberung angesiedelt hatten. Es ist Frühjahr, die Täler sind schon grün, aber die Spitzen der Berge sind noch von Schnee bedeckt. Die Bergkette der Apuanischen Alpen zieht sich über 60 Kilometer weit parallel zur Küste hin.

DIE
BERGE

Wenn man von Ligurien in die Toscana kommt, ist der erste Eindruck überwältigend. So erging es den Reisenden der ›Grand Tour‹, die über das Meer aus Spanien oder Frankreich in Genua ankamen und in die Toscana weiterreisten. Für Henry James, der von Genua für 36 Francs mit dem Zug nach Livorno fuhr, ist es »die schönste Strecke Italiens. Je langsamer man sie fährt, desto besser ist es«. Aber plötzlich tauchen an der westlichen Grenze der Toscana hohe und kahle Berge auf, die der großen Zentral-Alpenkette ähneln. Auch der Name der Berge, die Art der Felsen und das kühne Profil sind dieselben: es handelt sich um die Apuanischen Alpen. Natürlich gehören diese Berge nicht zu den Zentral-Alpen. Sie bleiben aber eine Besonderheit in der italienischen und toscanischen Berglandschaft.

Die Apuanischen Alpen sind seit der Antike wegen ihrer unerschöpflichen Marmorvorräte berühmt: der ganze reine ›Statuario‹, der so weiß ist, daß die Berge von weitem verschneit aussehen; der ›Bardiglio Chiaro‹ und der ‹Bardiglio Cupo‹ zwischen Azurblau und Türkisfarben; der gelb-schwarze ›Pavonazzo‹; der grüne ›Cipollino‹; die ›Breccia Violetta‹, die ›Breccia Arancione‹ und der ›Arabescato‹ mit seinen grauen Venen. Aufgrund dieser Marmorschätze, mehr noch als aus strategischen Gründen, führten die Römer einen harten Krieg gegen die Apuaner; dies geschah zu Ende des 1. Jahrhunderts v. Chr., als Kaiser Augustus das aus Backstein gebaute Rom in Marmor neu errichten wollte, der aus diesen Bergen gewonnen wurde. Das Unterfangen war riesig. Tausende von Sklaven wurden aus allen Provinzen des Reichs in die Apuanischen Alpen gebracht. Die Steinbrecher steckten lange Holzkeile in die in den Felsen getriebenen Spalten. Das mit Wasser vollgesaugte Holz quoll auf und ließ die großen Felsen bersten: die Felsbrocken wurden über eingeseifte Rollen rutschend zum Hafen von Luni gebracht. Die Historiker berichten, daß jeder Transport von mindestens einhundert Ochsen gezogen wurde. In Luni wurden die Marmorblöcke dann auf riesige Flöße geschleppt, die von Galeeren langsam die Küste entlang nach Süden gezogen wurden. War die Mündung des Tiber einmal erreicht, fuhren die Galeeren weiter bis nach Rom. Wenn drei von zehn dieser Ladungen ihr Ziel erreichten, so war das schon viel. Die anderen, von plötzlich aufkommenden Stürmen überrascht, endeten auf dem Meeresgrund. Tausende Männer bezahlten den Ruhm der Cäsaren mit zermürbenden Anstrengungen oder gar mit dem Leben.

Die Vara-Brücke am linken Ufer des Carrione im Mittelpunkt der Marmorabbau-Region. Über das 100 Jahre alte, heute verfallene Viadukt fuhr eine Eisenbahn, die die Steinbrüche von Fantiscritti, Ravaccione und Colonnati mit dem Bahnhof von San Martino in Carrara verband. Verschiedene Steinbrüche werden in diesem Gebiet noch genutzt. Man gewinnt hier den berühmten weißen Marmor.

Mit den Jahrhunderten verschwand die Bedeutung von Luni, weil das Land sich zum Meer hin ausdehnte und der Hafen nach und nach versandete. Heute sind von der antiken Stadt Luni nur die Ruinen eines 6000 Besucher fassenden Amphitheaters und wenige Mauerreste übriggeblieben.

Die heutigen Hauptstädte des Marmors sind Massa und Carrara. Praktisch handelt es sich um eine Stadt – die Entfernung zwischen den Stadtzentren beträgt nur sechs Kilometer – mit einer gemeinsamen Geschichte, die vor das Jahr 1 000 zurückgeht. Beherrscht wurde die ganze Region zunächst von den Römern, dann von den Bischöfen von Luni, darauf von den Lucchesern, den Pisanern und der mächtigen Markgrafenfamilie der Malaspina. Deren Herrschaftsgebiet erstreckte sich im 13. Jahrhundert vom ligurischen Apennin oberhalb Genuas zum tosco-emilianischen Apennin bis hin nach Modena. Dieses Gebiet verteidigten die Fürsten

Malaspina bis zum Wiener Kongreß im Jahre 1815, als die letzten Feudalgebiete an Maria Beatrice, die Prinzessin von Massa, fielen.

Eines dieser Gebiete, das stolzeste und malerischste, umschloß die Garfagnana, ein wildes Bergtal, wo selbst die Römer sich nie richtig durchgesetzt hatten. »Fürchterliche Menschen«, schreibt Titus Livius, »die Frauen hier sind so stark wie die Männer, und die Männer sind so gefährlich wie wilde Tiere.« Zwischen die Apuanischen Alpen und die ersten Erhebungen des tosco-emilianischen Apennins gezwängt, ist die Garfagnana von der nahen tyrrhenischen Küste und den großen Handelswegen von Norden nach Süden immer abgeschnitten gewesen. Dieser heute willkommenen Isolierung verdankt das Tal den Vorzug, die eigene Waldlandschaft fast völlig bewahrt zu haben. Gegenüber weniger als 28 % in ganz Italien bedecken die Wälder in der Garfagnana über 60 % des Gebietes.

Castelnuovo di Garfagnana von oben gesehen. Der Ort, der an der Mündung des Turrite Secca in den Serchio liegt, hatte seine große Bedeutung im 15. Jahrhundert, als er sich dem Schutz der Este, der Herren von Ferrara, unterstellte, um nicht unter die Herrschaft von Florenz zu fallen. Dennoch gelang es den Florentinern, Castelnuovo mit Hilfe von Papst Leo X. 1512 zu erobern; aber sofort nach dem Tod des Papstes rief das Volk den Herzog Alfonso I d'Este zurück. Castelnuovo fiel 1799 in die Hände Napoleons, aber nach dem Scheitern der Repubblica Cisalpina rief man 1814 erneut in alter Treue die Este herbei.

Die Landschaft der Garfagnana vereinigt die erhabene Bergwelt mit lieblichen Hügeln. Im abgrundtiefen Canyon von Botri, in dessen Tiefe die klaren Wasser des Rio Pelago fließen, nisten Königsadler; im Naturpark ›Orecchiella‹ leben Hirsche, Rehe, Mufflons, Murmeltiere und sogar Wölfe in Freiheit. Verläßt man die Apenninkette und steigt Richtung Süden herab, so erreicht man den Vorapennin. Dieser besteht aus parallelen Bergketten mit abnehmender Höhe, so daß die Berge langsam in Hügel übergehen.

Die Ungewißheit darüber, ob es sich um Berge oder Hügel handelt, hat sich auch in den Namen niedergeschlagen, die die Geographen wegen ihrer Tradition übernehmen mußten. Zwischen dem Cecina- und dem Ombrone-Tal in der südlichen Toscana zum Beispiel befinden sich die ›Colline Metallifere‹, die von ihrer Höhe eher Bergen als Hügeln entsprechen. Wichtiger ist vielleicht, daß der Name mit den Eisen-, Zink-, Blei-, Antimon- und Kupfervorkommen zusammenhängt, wodurch die Landschaft eine ungewöhnlich rötliche Färbung zeigt. Kürzlich hat die italienische Regierung beschlossen, eine eigene Untersuchung durchzuführen, da man anscheinend auch Gold gefunden hat.

Am eigentümlichsten sind die borsäurehaltigen Dämpfe von Montecerboli. Der Franzose Francis de Larderel nutzte als erster die geysirartigen Dämpfe, die Menschen und Dinge mit einem unwirklichen Nebel pfeifend umströmen. Die schreckhaften Menschen von einst glaubten, daß die Dämpfe aus den Abgründen der Hölle hervorkämen, wohin die Götter jeden hineingezogen hätten, der versucht hätte, diese gefährliche Erscheinung zu untersuchen. Die Tatsache, daß viele Bergarbeiter sich in dieser Gegend verliefen und nicht zurückkamen, gab diesen Legenden weitere Nahrung. Heute, wo neben den Bordämpfen auch die geothermische Energie zur Stromerzeugung genutzt wird, singt keiner mehr die mittelalterliche Ballade von Sapo Alberighi, dem jungen Ritter, der in den Dämpfen verschwand, als er wie Orpheus seine Eurydike aus der Hölle retten wollte. Heute sieht die Gegend wie ein Erdölfeld aus.

Die Verzauberung ist aber noch nicht ganz verschwunden. Sie lebt auf, wenn man noch weiter südlich den letzten toscanischen ›Berg‹, den Monte Amiata, betrachtet: Wie eine Kuppel beherrscht er die südliche Toscana.

Die Garfagnana, ein Landstrich von großer Schönheit, mit Wäldern bedeckt, erstreckt sich zwischen den Apuanischen Alpen und dem Apennin mit sanften Hügeln und steilen Hängen; der Boden jedoch ist karg. Terrassenförmiger Anbau und die Schafherden auf den Weiden haben nicht verhindern können, daß die Bewohner der hochgelegenen malerischen Gebirgsorte sich in den letzten Jahrhunderten hauptsächlich von Kastanienmehl ernähren mußten.

Ein altes Kloster im tosco-romagnolischen Apennin. Rings um das Gebäude der Benediktinermönche dehnen sich noch heute bestellte Felder aus. Die Ordensregeln des im 6. Jahrhundert vom hl. Benedikt von Nursia gegründeten Ordens sahen sowohl das Gebet als auch die Arbeit vor (›ora et labora‹); so hatte die Anwesenheit von Benediktinern eine wichtige Bedeutung bei der Entwicklung der toscanischen Landschaft.

Der Name ist Monte Amiata, doch hier handelt es sich nicht mehr um die Unterscheidung zwischen Berg und Hügel, sondern um die zwischen Berg und Vulkan: denn der Amiata ist ein Vulkan, was an seiner Form eindeutig zu erkennen ist. Schon in der Anike war der Vulkan aber erloschen. Durch den Wasserreichtum am Fuße des Vulkans sind Ansiedlungen sowie Korn-, Wein- und Olivenanbau entstanden. Weiter oben wachsen Kastanien- und Eichenwälder bis hinauf zum Gipfel, der häufig von weißem, unberührtem Schnee bedeckt ist.

Das traditionelle Bild der Toscana ist von den geheimnisvollen etruskischen Ursprüngen bis zur Renaissance sicherlich heidnisch geprägt. Daher dominieren Grazie und Eleganz bei so manchem Künstler, der sich einer religiösen Darstellung widmete, die angebrachte Frömmigkeit: Die Renaissance-Madonnen empfangen den Engel und tragen das Christuskind auf dem Arm, aber sie könnten ohne große Schwierigkeiten auch Aphrodite darstellen.

Dieses Bild ändert sich im Laufe der Jahrhunderte nicht; dennoch ist die Toscana auch ein Land des Glaubens. Dieser zeigt sich am Beispiel der eindrucksvollen Kathedralen der Städte genauso wie an den kleinen Pfarrkirchen oder den winzigen Kapellen auf dem Land, an Einsiedeleien ebenso wie an außerordentlichen Klosteranlagen.

Der Monte La Verna zwischen dem Arno- und dem Tiber-Tal dokumentiert seit acht Jahrhunderten eine der eindrucksvollsten Geschichten. Der Berg mit seinem dichten Wald gehörte zum Feudalbesitz des Grafen Orlando Cattani von Siena, des Herrn der Burg von Chiusi, der als unverbesserlicher Genießer galt. Eines Tages, im Mai 1213, begab sich der Edelmann nach San Leo in der Romagna zum Ritterschlag des Sohnes eines Freundes, des Buonconte da Montefeltro. Dabei begegnete er dem hl. Franziskus von Assisi, hörte ihn predigen, bekehrte sich und bot ihm als Geschenk den Monte La Verna an. Auf dessen Gipfel bauten der hl. Franziskus und seine ersten Mitbrüder einige Hütten, und dann mit Hilfe des Grafen Orlando das Kirchlein Santa Maria degli Angeli, wo der Heilige die Wundmale empfing. Zwei Jahrhunderte danach entstand neben dem Kirchlein eine der berühmtesten Wallfahrtskirchen der Christenheit. Auch heute noch ist, trotz der Berufungskrise zu Priester und Mönch, La Verna eine blühende Abtei, wo Hunderte von franziskanischen Novizen arbeiten und beten.

Die Abtei verfügt über eine reichhaltige Bibliothek, über ein meteorologisches Observatorium, über ein Museum und über gut ausgestattete Werkstätten. Tausende Pilger kommen jährlich, besonders zum Fest der Wundmale des hl. Franziskus am 17. September und zu seinem Namenstag, dem 4. Oktober, hierher.

Im Casentiner Apennin ist noch ein anderes berühmtes Kloster inmitten eines dichten Waldes intakt geblieben: das Kloster von Camaldoli. Es entstand nach dem Jahr 1012 auf den Ruinen der Burg des Grafen Maldolo d'Arezzo. Zunächst als Herberge und Hospiz gedacht, wurde daraus ein Kloster, wo sich Hunderte von Mönchen zusammenfanden. Nicht weit entfernt, in 1100 Meter Höhe, liegt die Einsiedelei des hl. Romuald, die mit fünf Zellen und einem Oratorium ursprünglich das Zentrum des Klosters war. Im Laufe der Zeit kamen weitere Zellen hinzu; zu jeder gehört ein kleiner Gemüse- und Kräutergarten.

Die Einsiedelei von Camaldoli inmitten der magischen Stille der Wälder des Casentino. Hier erbaute der hl. Romuald mit seinen ersten vier Mitbrüdern ein kleines Oratorium und fünf winzige Zellen, in die sie sich zur Buße und zum Gebet zurückziehen konnten; dies geschah im Jahre 1012, als sich die Menschheit gerade von der Angst vor einem Weltunterang erholte. Die Zahl der Zellen nahm rasch zu, und das Oratorium wurde 1027 durch die Kirche San Salvatore ersetzt, die 1658 umgebaut worden ist. Neben der Kirche gibt es eine Bibliothek mit mehr als 10 000 Bänden.

»Von weitem«, schreibt Henry James im Tagebuch seiner Italienreise, »schien es als ob wir uns einer befestigten Stadt näherten, die sich auf der Spitze eines Berges befand ... wir sahen die letzten Kehren der Straße, die sich zur Spitze des steilen Felsens hinaufschlängelte. Dann sahen wir aber weder Mauern noch ein Schloß, welches sich doch im Innern dieses Stützpunktes hätte befinden müssen ...«. Von oben enthüllt sich das Geheimnis: Es sind keine aneinandergereihten Gebäude, sondern Marmorblöcke, die nacheinander aus dem Fels geschlagen werden.

Die Steinbrecher der Apuanischen Alpen haben seit Jahrhunderten ihr hartes und gefährliches Leben auf diesen Serpentinen verbracht. Früher wurden die Marmorblöcke durch ein geniales System gewonnen: Man trieb Spalten in den Fels, in die man weiches und nasses Holz steckte, das sich ausdehnte und so den Bruch des Felsens bewirkte. Auch die Ägypter verwendeten dieses ›Steinzeitdynamit‹.

Ein Marmorbruch, aus dem Blöcke für Statuen gewonnen werden. Seit der Antike sind die Apuanischen Alpen für diesen so hellen und reinen Marmor berühmt, dessen Abbaugebiete vom Meer aus gesehen wie Gletscher erscheinen. Der weiße Marmor aus Carrara war Michelangelos Lieblingsstein; noch heute ziehen viele Bildhauer diesen Marmor selbst dem der griechischen Inseln vor, zu denen der Marmor der Insel Paros gehört, den Phidias und Praxiteles so sehr liebten.

Eine eindrucksvolle Perspektive der Apuanischen Alpen. Die Bezeichnung ›Alpen‹ für diese Bergkette, die sich südlich der Poebene befindet, während die eigentlichen Alpen die Grenze zwischen Italien, Frankreich, der Schweiz, Österreich und dem Norden Jugoslawiens markieren, ist immer umstritten gewesen. Dennoch ist es gerade der eindrucksvolle Anblick der Berge, der ihnen diesen Namen gegeben hat, auch wenn die Gipfel des Massivs niedriger sind als die der Alpen: der höchste, der Monte Pisanino, ist 1945 Meter hoch, gefolgt vom Monte Cavallo (1895 m), dem Monte Tambura (1890 m) und dem Pizzo d'Uccello (1781 m).

Im dramatischen Szenarium der aus den Wolken auftauchenden Felsen erscheinen die höchsten Marmorbrüche wie Klippen im Meer. Die Marmorindustrie der Apuanischen Alpen hat eine über zweitausendjährige Geschichte und steht heute noch an erster Stelle in der Welt. Nach den letzten Statistiken hat der Abbau 500 000 Tonnen im Jahr überschritten. Die Vorkommen sind auf die gesamte Gegend verteilt. Besonders reichhaltig und rein sind sie in der Valle del Carrione bei Carrara. Man geht davon aus, daß allein aus diesen Vorkommen etwa 70 % des gesamten Marmors der Region gewonnen werden.

Eine Panoramaaufnahme der Garfagnana. Das Foto stammt aus unseren Tagen, und es ist erstaunlich, wieviel Grün man noch in der Toscana findet. Für die Umwandlung von vorwiegend landwirtschaftlicher Nutzung in gemischte Wirtschaft, wobei die Industrie immer weiter Tritt faßt, mußte die Toscana ein hohes Maß an Umweltzerstörung hinnehmen. Italien verdankt es weniger seinen Regierenden als vielmehr den Ausländern, wenn das Gebiet der Toscana sein natürliches ökologisches Gleichgewicht erhalten konnte: Deutsche, Engländer und Amerikaner haben Tausende von Hektar Boden übernommen und landwirtschaftlich genutzt.

Die alte Rocca von Castelnuovo di Garfagnana entpuppt sich heute als eine pittoreske Anlage von großen und kleinen Wachtürmen. Von 1522 bis 1525 wurde Castelnuovo von dem großen Dichter Ludovico Ariosto regiert, der in dieses Gebiet der Este von Alfonso I geschickt worden war, um Regierungsstreitereien zu schlichten und Banditen zu bekämpfen. Der Sitz befindet sich am unteren Rand der Alta Garfagnana, einer Landschaft mit außergewöhnlich wilden Gebieten, wie dem Orecchiella-Park, und herrlichen Aussichtspunkten, wie San Pellegrino in Alpe.

Die uralte, eindrucksvolle Einsiedelei Calomini zwischen Aulla und Lucca. Hierhin zogen sich vor dem Jahr 1000 einige Mönche zurück und lebten in den in Fels geschlagenen Grotten. Später entstand eine kleine Kirche, in der ein Bildnis der Madonna bewahrt wurde, dem man große Wunderkräfte zusprach. So begannen Tausende von Gläubigen, den steilen Berg hinaufzusteigen – die Einsiedelei befindet sich 360 Meter über der darunterliegenden Ebene –, und die Mönche verdienten die Mittel für den Bau ihres Klosters. Noch heute ist die Einsiedelei von Calomini Ziel von Pilgerfahrten.

Beim Überfliegen der nördlichen Toscana ziehen zum Teil winzige Orte wie dieser vorbei, der aus einigen kleinen Häusern und einer Kirche besteht, die von den wenigen Gläubigen niemals gefüllt werden kann. Der Exodus, der zwischen dem Ende des Zweiten Weltkrieges und unseren Tagen die Berge entvölkert hat, führte zu einer minimalen Bevölkerungsdichte in Hunderten von Ortschaften. Deren Kirchen bleiben leer, wenn der alte Pfarrer stirbt und es nicht möglich ist, ihn aus dem weit entfernten Bistum zu ersetzen. Bei weniger als fünf Kindern im Dorf schließen auch die Schulen, die, einmal geschlossen, wohl nie wieder öffnen werden.

Wenn man über die Bergkämme fliegt, sieht man viele Orte mit ihrer der Landschaft angepaßten Struktur. Manchmal ist die Architektur, wie auf dieser Aufnahme, beispielhaft für die geographischen Gegebenheiten: Die Straße folgt dem Kamm, und die Häuser reihen sich rechts und links von ihr aneinander und nutzen so den geringen verfügbaren Platz. Orte wie dieser haben eine legendäre Diaspora ernährt: die der Krippenhersteller, die ihre Krippen aus Gipsfiguren bis über den Atlantik brachten.

Oben sieht man Skiläufer beim Warten auf einen Skilift. Der Abetone ist mit vielen Skiliften ausgerüstet worden, um die steigende Anzahl von Wintersporttouristen aufzunehmen; so kann man in wenigen Minuten die großen Pisten des Monte Gomito, der 1892 Meter hoch ist, und die nur wenig niedrigeren Berge Serrabassa und Regine erreichen. Auch von Faidello auf der emilianischen Seite kommt man auf den Paß hinauf. Links das Bergpanorama aus der Luft.

*Der Wald des Abetone, aus der Luft gesehen.
Die Wälder dieses Gebietes, das im Norden die emilianischen und im Süden die toscanischen Ausläufer des Apennins umfaßt, sind seit etruskischer Zeit berühmt; ihr Name aber ist neu, er geht auf die zweite Hälfte des 19. Jahrhunderts zurück, als die Großherzöge von Habsburg-Lothringen die Straße bauen ließen, die noch heute die beiden Regionen miteinander verbindet. Dabei war es notwendig, eine enorme Tanne – ›abetone‹ – zu fällen, die dem Gebiet seinen Namen gab.*

Die charakteristische kurvenreiche Straße des Abetone, die von der modenesischen Ebene bis zum 1388 Meter hohen Paß aufsteigt und dann zu den Hügeln rings um Pistoia abfällt. Es gibt mehrere touristische Ortschaften, die man normalerweise mit dem Namen Abetone verbindet: von Fiumalba und Dogana Nuova auf der emilianischen Seite zu Serrabassa, Le Regine, Chiarofonte und Boscolungo auf toscanischer Seite. Die Straße ist von zwei Steinpyramiden markiert, die an das Werk der Herrscher von Modena und der Toscana erinnern, die diese Verbindungsstraße gebaut haben.

Ein Gut im Casentino, nördlich von Arezzo. Wir befinden uns in der Nähe der Quellen zweier großer Flüsse, die eng mit der Geschichte zweier großer Städte verbunden sind: der Arno, der von hier aus nach Florenz herabfließt, und der Tiber, der hier seine Reise in Richtung Rom beginnt. Von den beiden Flußtälern, die nur durch eine breite Bergkette voneinander getrennt sind, ist das des Arno heiterer als das des Tiber.

Plötzlich fügt sich zwischen das Dunkelgrün des Waldes und den Goldton des Bodens das Blau des Lavendels: ein überraschender Anblick; jedoch wurde im oberen Arno-Tal schon in römischer Zeit Lavendel mit guten Ergebnissen angebaut. Damals nannte man ihn ›nardo‹, und er diente der Destillation eines Balsamöls, mit dem sich die Athleten und die Gäste nach dem rituellen Bad massierten. Schon in dieser Zeit wurden die Blütenrispen dieser Sträucher zu Sträußen zusammengebunden und in die Kleiderschränke gehängt, um damit Wäsche und Kleidern einen angenehmen Duft zu geben.

Die freundliche Landschaft verändert sich, scheint wild und verzaubert. Das Foto zeigt den Pratomagno, einen langen und einzigartigen Bergrücken, der sich südöstlich von Florenz zwischen dem Arno-Tal und dem Casentino erstreckt. Hier soll sich ein großer See befunden haben, der in Jahrtausenden ausgetrocknet ist. Aufgrund einer unaufhaltsamen Erosion sind die einst zusammenhängenden Felsen auseinandergebrochen, bis sie dieses phantastische Aussehen einer Urweltlandschaft angenommen haben.

Die zerfurchten Felsen des Pratomagno auf einer Aufnahme aus ganz geringer Höhe. Als vor einigen Jahren eine ungewöhnliche Höhle sieben Meter über dem Erdboden gefunden wurde, begaben sich einige Wissenschaftler in diese Gegend, davon überzeugt, daß sie auch hier unterirdische Häuser wie in Kappadokien in der Türkei finden könnten. In der Höhle wurden allerdings nur Hirschknochen gefunden, deren Radiokarbon-Untersuchung auf ein Alter von etwa 3 000 Jahren schließen ließ. Es wurden keinerlei Spuren menschlicher Ansiedlungen, wie an anderen Stellen nicht weit vom Arno-Tal, entdeckt.

Auf den ersten Blick eine toscanische Fattoria wie viele andere. Die Luftaufnahme deckt aber den erfindungsreichen Umbau auf, der ein rein militärisches Objekt in ein ziviles umgewandelt hat. Im Vordergrund die einst befestigte Fassade des Wohnhauses; dahinter die Kapelle der Adelsfamilie und gleich danach der Hauptturm der Befestigungsanlage, von wo aus ein kleiner Feudalherr seine wenigen Untertanen regierte. Wir befinden uns in der Gegend von Reggello, in der Region, die zwischen dem 13. und 15. Jahrhundert von der mächtigen Familie der Grafen Guidi di Poppi beherrscht wurde.

Das Kloster von Camaldoli, welches als Gästehaus der Einsiedelei gebaut wurde, deren Abbildung auf Seite 125 zu sehen ist. Den ersten Teilen der Anlage, auf den Resten des alten Kastells von Fontebuona des Grafen Maldolo d'Arezzo errichtet, wurden andere hinzugefügt, bis der eindrucksvolle Komplex entstand, dessen Dimensionen die Luftaufnahme deutlich macht. Mehrmals in Brand gesetzt, geplündert und wieder instandgesetzt, erreichte das Kloster zwischen dem 16. und 17. Jahrhundert seinen größten Glanz. Es verfügte damals über eine Buchdruckerei und war Sitz einer humanistischen Akademie.

Der mythische Berg von La Verna, wo der hl. Franziskus von Assisi am 17. September 1224 die Wundmale erhielt, gehörte Orlando Cattani, einem adligen Genießer, der sich, nachdem er die Worte des Heiligen gehört hatte, bekehrte. Noch am selben Tag schenkte Orlando Cattani den Berg mit seinem Wald dem hl. Franziskus, der dort wenig später mit einigen seiner Begleiter Holzhütten mit Blätterdächern errichtete. Franziskus kehrte zwischen 1214 und 1224 sechsmal auf den Berg zurück, bis das Wunder geschah. Nach der Säkularisation fiel das große Kloster an die Stadt Florenz, bis es 1933 mit den Lateranverträgen zwischen dem von Mussolini geführten Italien und dem Heiligen Stuhl dem Franziskanerorden zurückgegeben wurde.

Talamone an den südlichen Ausläufern der Monti dell' Uccellina war ein lebhafter etruskischer Hafen und später römischer Marinestützpunkt. Im Laufe der Zeit mehrmals durch Kriege und Piratenüberfälle zerstört, erlitt es enorme Schäden während der Landung der alliierten Truppen im Zweiten Weltkrieg. Heute ist Talamone ein modernes Ferienzentrum: Von dem alten und malerischen Fischerdorf ist außer der mittelalterlichen Festung (unten auf dem Foto) nichts übriggeblieben, was als Zeugnis vergessener Geschichte so vieler Jahrhunderte dienen könnte.

DIE KÜSTE

Vor 2000 Jahren, so sagen die Geologen, befand sich die Küste etwa sechs Kilometer weiter im heutigen Landesinneren. Das an den Mündungen der Flüsse angeschwemmte Geröll überwog die gleichzeitig immer stattfindende Erosion durch das Meer. Von Norden nach Süden gibt es neun Flußmündungen: die der Magra, des Serchio, des Arno, der Bruna, des Ombrone, der Albegna, der Flora und einiger kleinerer Flüsse. All diese Flüsse, auch der größte unter ihnen – der Arno –, haben die Eigenschaften von Bächen mit plötzlichen, heftigen Veränderungen der Wasser- und Geröllmassen. Daher ist auch Erde immer in großen Mengen angeschwemmt worden und hat zwischen den Felsvorsprüngen der Berge breite Strandflächen geschaffen.

Mit der Küste weitet sich die toscanische Farbpalette noch aus. Es kommt zunächst das Azurblau, die Farbe aller Küsten, hinzu; aber nicht das dunkle und kompakte Blau des ligurischen Meeres: Das tyrrhenische Meer mit seinen tieferen Gründen und seinen stärkeren Strömungen changiert von einem sanften, hellen bis zu einem dunklen, fast schwarzen Blau. Die vom ›Libeccio‹, dem unermüdlichen Südwestwind, ausgelösten Stürme teilen das Wasser in drei Streifen: An der Küste ist es zunächst senffarben, dann wird es grün und auf dem offenen Meer türkisfarben. Bei schlechtem Wetter verliert sich das Auge am Horizont in bedrohlich wirkenden, tiefhängenden Wolken.

Zwischen Land und Meer spannt sich der helle Streifen der Brandung über die Wellen, die sich auf dem gelben Sand überschlagen. Und sofort fallen die tausend Grüntöne der Mittelmeer-Macchia ins Auge. Die Macchia besteht aus Pflanzen wie dem Erdbeerbaum, dem Mastixbaum, Ginster und Heidekraut, die hin und wieder von den mächtigen Stämmen der Steineiche, Stieleiche und Korkeiche überragt werden. Dazwischen befinden sich noch kleinere Pflanzen wie Rosmarin, Lavendel, Spargel, Zistrose u. a. Diese wunderbare Flora, die selbst von der fortschreitenden Verwüstung durch Bauspekulation nicht zerstört worden ist, erfüllt die Luft mit ihrem Duft.

So wie die Zypresse das Symbol der Hügellandschaft ist, so verkörpert die Pinie die Küstenlandschaft. Früher handelte es sich vornehmlich um die syrische Pinie und die Meerespinie. Heute sind diese Gattungen weitgehend durch eine kultivierte Varietät ersetzt worden. Im Gegensatz zur Macchia-Landschaft mit ihrer wilden Vegetation ist die Pineta (der Pinienwald) fast vollständig von Menschenhand geschaffen. Man hat diesen Wald unmittelbar hinter den Stränden angepflanzt, um den salzhaltigen Wind abzuhalten und die Anpflanzungen im Inland zu schützen.

Neben diesem praktischen Vorzug ist der Pinienwald von erfrischender Schönheit, ein unerwarteter Anblick im Vergleich zur steil abfallenden ligurischen Küste.

Die toscanischen Küstenorte hatten somit gute Voraussetzungen, sich in reiche Badezentren zu verwandeln. Einigen dieser Orte ist es sogar gelungen, internationalen Ruhm zu erlangen. Die nördliche Küste der Toscana, die Versilia, ist ein einziges Urlaubszentrum. Die alten Fischerdörfer wie Forte dei Marmi, Pietrasanta, Le Focette und Camaiore wurden zunächst zu kleinen Städten, die dann zu einer ununterbrochenen Reihe von Villen, Hotels, Pensionen, Badeanstalten, Restaurants, Pizzerien, Diskotheken, Tennis- und Reitplätzen zusammenwuchsen. Dieser

Weiße Felsen kennzeichnen die Küste des Monte Argentario. Dieses Vorgebirge, das sich im Laufe der Jahrtausende vom Kontinent gelöst hat, wird nur noch von zwei dünnen, knapp 400 Meter langen Sandstränden, ›còrdoli‹ genannt, mit dem Festland verbunden. Zwischen diesen beiden Stränden zieht sich die Lagune von Orbetello, fast an der Grenze zu Latium, hin. Von hier aus starteten die italienischen Wasserflugzeuge von Italo Balbo, die zum ersten Mal in der Fluggeschichte im Formationsflug den Atlantik überquerten.

Die Monti dell' Uccellina, eine der wenigen italienischen Naturoasen, die wirklich geschützt werden. Neben der vorherrschenden Mittelmeer-Macchia gibt es eine reiche Flora, die nur von wenigen Pfaden durchzogen wird. In dieses Szenarium von Stille und Sammlung kamen um das Jahr 1000 Benediktinermönche, welche die Abtei von San Rabano bauten. Hiervon steht nur noch eine Ruine.

Küstenstreifen zieht sich von Massa bis nach Viareggio, das schon immer wegen seiner malerischen Karnevalszüge bekannt war, die auch ein Ausdruck toscanischer Auflehnung gegen jede Art von Obrigkeit sind.

An der Mündung des Serchio endet die Versilia. Hier beginnt die pisanische Küste mit Marina di Pisa und Tirrenia. Bald schon befinden wir uns in Livorno. Wenn es stimmt, daß jede toscanische Stadt eine eigene Welt bildet, welche mit dem Rest der Toscana wenig gemein hat, so gilt dies in besonderem Maße für Livorno. Mit der zunehmenden Versandung des Hafens von Pisa wurde Livorno zum bedeutendsten Hafen der Toscana. Hierauf sind die Livornesen besonders stolz. Noch heute kann man den Medici-Hafen bewundern, der 1618 fertiggestellt wurde und von diesem Zeitpunkt an ein Zentrum mit größter wirtschaftlicher Bedeutung war. Tagtäglich im Kontakt mit der Außenwelt, wurde der Livornese weltmännischer als die anderen Toscaner, deren Leben noch von dem langsamen Rhythmus der Jahreszeiten geprägt war. Dies ist aber meist der Fall, wenn man einen Seemann mit einem Bauern vergleicht. Darüber hinaus haben die Livornesen im Guten wie im Schlechten noch etwas besonderes, das schwer zu erläutern ist. Sie haben einen eigenen Dialekt: Sie verwechseln ›r‹ mit ›l‹ – wie die Japaner – und sie besitzen ein gleichermaßen gewalttätiges wie sanftes Temperament. Der Livorneser Maler und Bildhauer Amedeo Modigliani, der in heißen Nächten Anfang des 20. Jahrhunderts den Montmartre in Paris auf den Kopf stellte, war gleichzeitig in zärtlicher Liebe an Jeanne Hébuterne gebunden und hätte sie sogar geheiratet, wenn er nicht frühzeitig gestorben wäre.

Von Livorno aus erreicht man weitere berühmte Strände: die von Castiglioncello, Quercianella, Rosignano und Vada. Dann überschreitet man die Mündung der Cecina und gelangt in das Gebiet der Maremma.

Die Maremma ist schwer zu beschreiben. Einst verstand man unter dem Begriff ›Maremma‹ jede Art von Sumpfgebiet mit Stechmücken und Malariagefahr. Die Hauptfigur einer berühmten Erzählung von Renato Fucini wird in dieser schrecklichen Einsamkeit verrückt. Im Sumpf konnte man früher höchstens ein oder zwei Tage bleiben, sich unter umgedrehten Schiffsrücken verstecken und Wildenten jagen. Von diesen gab es jedenfalls immer genug. Heute sind die Wildenten fast ausgestorben. Auch die Malaria gibt es nicht mehr. Die Maremma ist durch eindrucksvolle Entwässerungsarbeiten, die mehr als drei Jahrhunderte andauerten, fast vollständig urbar gemacht worden.

Die Landschaft mit ihren Schilf- und Sumpfgräsern inmitten weiter Nebelfelder hat die alte Anziehungskraft nicht verloren. Die Menschen – eine besonders hart gesottene Art von Toscanern – sind ebenfalls gleich geblieben. Der Fortschritt hat die Erinnerung an die legendären *butteri* nicht ausgelöscht. Sie behaupteten, nie vom Sattel abzusteigen, nicht einmal um zu heiraten; in diesem Fall stieg die Frau zu ihnen empor. Man hat schon versucht, den *buttero* der Maremma mit dem amerikanischen Cowboy zu vergleichen. In Wirklichkeit, auch wenn beide Rinder züchten, ist ihre einzige Gemeinsamkeit das Pferd. Der Cowboy reitet auf der Suche nach immer neuen Horizonten weit hinaus. Der *buttero* reitet zwar Tag und Nacht, aber

Wir befinden uns noch immer im Uccellina-Naturpark, der sich an der südlichen toscanischen Küste etwa 15 Kilometer lang und 5 Kilometer breit entlangzieht. In diesem Abschnitt dehnt sich der Wald fast gleichmäßig bis zum Meer hinunter aus. Sonst hingegen fallen die Felsen so steil ab, daß man sich der Küste mit dem Boot nähern muß, um das beeindruckende Szenarium zu überblicken. Nur im Norden gibt es einen echten Strand, ›Paduletto‹ genannt, der von dem Collelungo-Turm beherrscht wird.

Motor- und Segelboote im Touristenhafen von Viareggio; direkt dahinter liegt der Strand. Viareggio ist der größte Badeort am tyrrhenischen Meer und einer der wichtigsten Italiens. Der Ruhm Viareggios geht auf die zweite Hälfte des vorigen Jahrhunderts zurück, als 1861 Giuseppe Barellai einige ›Ospizi Marini‹ gründete – praktisch die ersten Touristenanlagen. Diese Initiative traf zunächst auf nicht wenige Hindernisse, da es für unmoralisch gehalten wurde, daß Männer und Frauen sich im Badeanzug sahen.

immer in der Maremma, wo er geboren ist. Hier zieht er seine Tiere groß, und hier stirbt er wie all seine Vorfahren.

Mit der Maremma endet der toscanische Küstenstreifen. Man muß hinzufügen, daß ihre Küste noch bis ins Latium hinein reicht. Badeorte gibt es in dieser Gegend seltener, da sich die Touristen in Piombino nach Elba und zu den anderen toscanischen Inseln einschiffen. Dennoch ist die Küste der Maremma von Follonica nach Punta Ala, von Castiglione della Pescaia über Marina di Grosseto zu dem ins Wasser reichenden Monte Argentario alles andere als verlassen. Der Tourismus ist nur anders als der an der Versilia, weil er sich in großen, organisierten Appartementanlagen ballt und weniger von kleinen, individuellen Hotels und Pensionen geprägt ist.

Von der Stadt Grosseto sprechen wir hier an dieser Stelle, obwohl sie zwölf Kilometer von der Küste entfernt liegt. Ihre Geschichte ist mehr mit dem Meer als mit dem Land verbunden. Roselle, in der Nähe von Grosseto, war einst etruskische Hafenstadt und wurde 935 von den Sarazenen zerstört. Daher flohen die Einwohner und bauten eine neue Stadt im Landesinneren. So entstand Grosseto. Die Stadt wuchs beharrlich, so daß sie in wenigen Jahren Hauptstadt der Maremma wurde. 1138 schuf Papst Innozenz II. hier einen ruhmreichen Bischofssitz.

Immer im Kampf mit dem Meer, welches sich zwar mit dem Vorrücken der Küste entfernte, dabei aber die gefährlichen Sümpfe hinterließ, gelang es Grosseto erst mit der Urbarmachung, den notwendigen Lebensraum zu schaffen. Die Benediktiner begannen mit dieser Arbeit schon im Jahre 1000. Die Medici und die Habsburg-Lothringer führten die Arbeit fort. Vollendet wurde die Urbarmachung erst unter der Monarchie der Savoyer und schließlich unter der italienischen Republik. Von ihrer jahrtausendealten Geschichte bewahrt die Stadt noch interessante Zeugnisse im archäologischen Museum: aus etruskischer und römischer Zeit bis hin zur mittelalterlichen Stadtgründung.

Nachdem man Grosseto gesehen hat, sollte man nicht die Gelegenheit verpassen, den nahen Naturpark ›Uccellina‹ zu besuchen. Von hier aus hat man das überragende Panorama der vorgelagerten Inselgruppe. Gleichzeitig gedenkt man Margherita Marsili, die im Schloß von Collecchio lebte und in der Nacht des 22. April 1534 als einzige von dem gefährlichen Khair-ad-Din, genannt ›Barbarossa‹, verschont wurde, während alle ihre Verwandten von den Siegern niedergemetzelt wurden. Margherita war 16 Jahre, wunderschön und zu allem entschlossen. Die Piraten verfrachteten sie mit 200 anderen Ehefrauen in den Harem des Sultans. Sie erduldete und sponn fürchterliche Intrigen. Nachdem sie offensichtlich zwei andere Ehefrauen vergiftet hatte, wurde sie die Lieblingsfrau des Sultans.

Der Strand von Forte dei Marmi, einem der Badeorte zu Füßen der Apuanischen Alpen am tyrrhenischen Meer, der am meisten in Mode ist. Die gesamte Gegend ist voller Urlaubsorte; die Bebauung mit Hotels, Pensionen, großartigen Villen und Zweithäusern ist sehr dicht. Die Landschaft des Hinterlandes ist zum Glück von der Bauspekulation noch nicht zerstört worden; es muß hinzugefügt werden, daß man an dieser Küste mehr in die Breite als in die Höhe baut, so daß der Pinienwald die Häuser fast immer verdeckt. Forte dei Marmi verdankt seinen Namen einem Felsbrocken, der sich noch heute auf der Piazza befindet und 1788 vom Großherzog Leopold von Habsburg-Lothringen errichtet wurde. Um diesen herum entwickelte sich die erste bewohnte Ortschaft.

Panoramaaufnahme des Zentrums von Livorno. Von links nach rechs auf dem Foto sieht man den Fosso Reale, einen schiffbaren Kanal, der noch heute die Darsena mit der Fortezza nuova verbindet, von der aus man die Fortezza vecchia und den Hafen der Medici erreicht. Das Herz der Stadt, von den Kanälen begrenzt wie ein Schloß mit seinem Wassergraben, besitzt einen fünfeckigen Grundriß mit dem Dom und Verwaltungsbauten.

Der Fosso Reale, der einst die Stadtmauern umgab, eröffnet einzigartige Szenarien im städtebaulichen Bild Livornos. Die Stadt wurde fast vollständig durch Bombardierungen der Alliierten im Laufe des letzten Krieges zerstört, jedoch nach den Originalplänen wieder aufgebaut, um das ursprüngliche Aussehen möglichst genau zu erhalten. Nach demselben Kriterium sind auch die Bauwerke restauriert – man würde besser sagen wiederaufgebaut – worden.

Dom und Piazza Dante im Zentrum von Grosseto. Der Dom wurde zwischen 1294 und 1302 von Sozzo di Rustichino auf den Ruinen einer romanischen Kirche erbaut. Der Kirchtum aus Terrakotta ist von 1402, wurde aber in den Jahren 1600 und 1911 erheblich verändert. Inmitten der Piazza steht das Denkmal zu Ehren von Leopold II., 1846 errichtet, als Zeichen der Anerkennung des von ihm geführten Kampfes gegen die Geißel der Malaria in der Toscana. Die Piazza wurde vom Volk ›Il Cisternone‹ genannt, wegen des großen Behälters, den die Habsburger dort eingegraben hatten, um das Wasser in einem artesischen Brunnen zu sammeln.

Der Industriehafen von Livorno wird von vier großen Wellenbrechern geschützt. Er erweitert sich im Porto Vecchio – dem Hafen der Medici – und im Mandraccio-Bekken. In Livorno legen 120 reguläre Schiffslinien an. Jährlich kommen etwa 7 000 Schiffe an oder fahren ab – mit einer Ladung von mehr als zehn Millionen Tonnen.

Die Bucht von Quercianella zwischen Pinien-, Mastix-, Tamarisken- und Steineichenwäldern. Der Wellenbrecher aus Felsbrocken, der die Bucht teilweise verschließt, erlaubt den Booten auch bei bewegtem Meer, dort vor Anker zu bleiben. Vor allen Dingen garantiert der Wellenbrecher aber die Erhaltung der heutigen Bucht, einer der schönsten dieses Küstenabschnitts, denn manchmal werden im Laufe weniger Jahrzehnte nicht geschützte Strände von der Meeresströmung völlig weggespült.

Die Küste südlich von Livorno zeigt plötzlich andere Eigentümlichkeiten als die im Norden: So verschwindet der Sand, und die Wellen brechen sich an wilden Felsküsten, den letzten Ausläufern der Berge des Hinterlandes. Zwischen dem 14. und dem 18. Jahrhundert wurden an diesem Küstenabschnitt viele Wachtürme gebaut, um die Küsten rechtzeitig vor der Ankunft von Piraten zu schützen.

Das Kastell von Quercianella südlich von Livorno ist von dichten Pinienwäldern umgeben, die auch in den heißesten Sommertagen den Gästen eine angenehme Frische gewähren. Kurz hinter Quercianella kommt man zu einer anderen berühmten Ortschaft, Castiglioncello, die über malerische Strandabschnitte in den Buchten von Marina di Compolecciano, Portovecchio und Caletta verfügt.

Der Pinienwald von San Rossore, sechs Kilometer von Pisa entfernt. Einst kaiserlicher Wald, fiel er später in die Hände des Bischofs von Pisa und daraufhin in die der Medici, die dort einen großen Gutshof bauten. Mit der Einheit Italiens wurde der Pinienwald königlicher Besitz und Jagdgebiet für das Königshaus von Savoyen; nach dem Krieg wurde es vom Präsidenten der Republik Italien übernommen. Der Besitz ist über 4 000 Hektar groß. Unter den vielen Tieren, die dort in Freiheit leben – Damwild, Hirsche, Wildschweine –, befinden sich auch einige Dromedare, die aus den afrikanischen Kolonien als Geschenk an König Vittorio Emanuele III herbeigebracht worden waren.

Es scheint, als ob wir über den Amazonasurwald fliegen, aber wir befinden uns in Italien über dem Naturpark Uccellina. Die üppige und duftende Mittelmeer-Macchia belagert hier alte Türme und hat sich der eindrucksvollen Ruinen der Abtei San Rabano bereits bemächtigt. In diesem Paradies gibt es keine neuen Ansiedlungen; hier sind Damhirsche, Rehe, Wildschweine, Dachse, Otter und Füchse und selbst einige Exemplare von Wildkatzen zu Hause.

Eine der Einschiffmolen für Marmor in Marina di Carrara. Der Hafen befindet sich im Mittelpunkt eines großen Sandgebietes zwischen den Mündungen von Carrione und Parmignola. Die vielbesuchten Badeanstalten erstrekken sich auf beiden Seiten des Hafens. Obwohl nur Marmor verschifft wird, ist der Verkehr groß. Nach den Statistiken wurden 1989 528 379 Tonnen Marmor auf dem Seeweg exportiert. Insgesamt wurden 1 490 000 Tonnen Marmor aus den Steinbrüchen gewonnen, die auch auf dem Landweg zu den nationalen und internationalen Märkten gebracht wurden.

Eines der charakteristischen ›trabucchi‹ an der Mündung des Arno. Es handelt sich um ein Senknetz, auch ›bilancia‹ (Waage) genannt, welches durch ein langes Seil ins Wasser gelassen wird – ähnlich wie eine riesige Angel. Liegt das Netz einmal auf dem Grund, schwimmen die Fische ruhig darüber hinweg. In bestimmten Abständen wird das Seil plötzlich angezogen, und das Netz kommt mit den Fischen an die Wasseroberfläche.

Der Hafen von Talamone. Die alte Festung, die wir schon unten auf dem Foto auf Seite 150 gesehen haben, erscheint jetzt oben und deutet noch sichtbar den Mauerwall an, der einst das Fort und den ganzen Ort umgab. Die Lage des Hafens ist so günstig, daß die Sienesen, die 1303 Herren von Talamone wurden, sogar daran dachten, hieraus einen Handels- und Militärhafen zu machen, der mit den Häfen von Pisa und Genua konkurrieren konnte. Das Projekt war so ehrgeizig, daß es auch von Dante in der »Göttlichen Komödie« (Läuterungsberg, XIII. Gesang, Verse 151 - 154) verspottet wurde.

Die spanische Befestigung von Porto Ercole in der Lagune von Orbetello. Die sternförmige Anlage ist typisch für die Forts des 16. Jahrhunderts. Feuerwaffen werden zwar schon benutzt; die von ihnen ausgehende Gefahr wird aber noch nicht so groß eingeschätzt, daß die Militärarchitektur grundsätzlich überdacht worden wäre. Wenig später schon werden die Oberflächen der Mauern abgerundet, um den immer durchschlagenderen Artilleriegeschossen zu widerstehen.

Ein Abschnitt der Südküste der Insel Elba, an den Ausläufern des Monte Calamita (Magnetberg), so genannt wegen seines großen Anteils eisenhaltiger Mineralien, der die Kompaßnadeln verwirrt. Die ganze Insel ist übrigens voller Mineralien: Eisenerzvorkommen werden schon in der Zeit vor der griechischen Eroberung erwähnt. Mit den Etruskern, den Römern und jedem anderen Eroberer bis in unsere Tage hat die Eisenerzgewinnung angehalten. 1870 erreichte die Produktion gerade 100 000 Tonnen im Jahr; heute ist sie fünfmal größer. Das geförderte Mineral wird in den Hochöfen von Piombino, Genua, Neapel und Triest verhüttet.

DIE
INSELN

Die Toscana besteht aus Bergen, Hügeln und Ebene, aber auch aus Meer und einer Inselgruppe: Es handelt sich zwar nur um sieben Inseln (Elba, Gorgona, Capraia, Pianosa, Montecristo, Giglio und Giannutri), diese sind aber alle auf unterschiedliche Weise wunderschön, wie es sich für die Toscana gehört. Vor Millionen von Jahren waren die sieben Inseln nur Berggipfel des westlichen Apennin; das Meer trennte sie von der heutigen Küste, und so entstand diese einzigartige, abgeschiedene Inselgruppe.

Schon während des Altertums war diese Inselgruppe berühmt, besonders die größte Insel, Elba, wo Ligurer und Griechen bereits 1000 Jahre v. Chr. Eisenerz aus den Minen von Rio Terranea und Calamita gewannen. Die Griechen nannten die Insel ›Aethana‹. Dann kamen die Etrusker, die sich auch nur für die Bergwerke interessierten. Erst die Römer entdeckten das milde Klima, den Zauber der spitzen Felsen über dem Meer und die Harmonie der Felder, wo Trauben und Oliven wachsen. Um den erlesenen Weißwein, der von Elba nach Rom gebracht wurde, kühl zu trinken, ließen die Edelleute über zehn Meter tiefe Keller in die Erde graben, die sie mit Schnee auffüllten, der den Wein das ganze Jahr über kühlte. Die Römer nannten die Insel ›Ilva‹. Während die Sklaven in den Bergwerken arbeiteten, bauten sich die Herren wunderbare Villen, von denen noch einige Ruinen erhalten sind. Eine dieser Villen, bei den Grotte di Portoferraio – es ist die fünftgrößte bekannte römische Villa –, besaß ein Schwimmbad, das mit einer einfallsreichen Wasseranlage ausgestattet war: Der Herr und seine Gäste konnten im Winter in warmem und mit Rosenduft versehenen Wasser baden. Andere Villen findet man in Capo Castello, in Faleria und in Pomonte. Entlang der Ostküste gibt es weitere Villen, die erst noch ausgegraben werden müssen.

Die Insel Pianosa, die ihren Namen ihrem flachen Profil verdankt. Sie befindet sich 14 Kilometer von Elba entfernt und bedeckt eine Fläche von zehn Quadratkilometern. Knochenfunde von Bären und Hirschen bestätigen die Vermutung, daß die Insel noch vor relativ kurzer Zeit, vor ca. 500 000 Jahren, mit dem Kontinent verbunden war. Auf der Insel befindet sich eine Strafanstalt, so daß es einer Regierungserlaubnis bedarf, sie zu besuchen.

Mit dem Untergang des Römischen Reiches litt Elba unter vielen Eroberungswellen: Langobarden, Pisaner, Genuesen, Spanier, Franzosen, Engländer und zwischendurch immer wieder die muslimischen Piraten. Die romantischen Reisenden der ›Grand Tour‹, die sonst alle Straßen der Toscana bereisten, erkannten die Schönheit der Inselgruppe nicht und übergingen sie. Von Elba sprach man in Europa nur zwischen Mai 1814 und Februar 1815, als Napoleon dorthin verbannt worden war, bevor er seine letzte, 100 Tage dauernde Herrschaft antrat. Danach kehrte Ruhe nach Elba zurück. Erst in den fünfziger Jahren unseres Jahrhunderts begann, allerdings in Erinnerung an Napoleon, das Abenteuer des Tourismus. Die Reisebusse hielten andächtig vor stillen Abhängen, Felsküsten, Brücken, Häusern, Bäumen und Brunnen, an denen sich Napoleon jeden Tag aufgehalten haben soll. Sein letzter Wohnsitz, eine zur Residenz ausgebaute Mühle oberhalb von Portoferraio, wurde als Museum umgestaltet.

Aber bald schon entdeckte man weitere Anziehungspunkte. Auf Elba gab es zum Beispiel die ersten Unterwassertaucher: Offiziere und Seeleute der Marine, die kurz nach dem Zweiten Weltkrieg als einzige über Masken, Schwimmflossen und Taucheranzüge verfügten. Denn diese Gegenstände wurden damals ausschließlich von der Kriegsindustrie produziert. Niemals zuvor hätte man sie sich als Sportgeräte vorstellen können. Die Jagd war einfach und begeisternd, da das klare Wasser der Insel reich an Fischen war. So entstand ein Boom: Hotels und

Ein Abschnitt der Isola del Giglio, der zweitwichtigsten der toscanischen Inselgruppe. Hier ist der Fels weiß, wogegen er sonst eine kräftigere Eisenfärbung hat. Die Insel ist eines der Paradiese für Unterwassertaucher im Mittelmeer. Der felsige Grund schützt die Fische vor den Zugnetzen, so daß es immer möglich ist, auch ohne Sauerstoff-Flasche einen guten Fang zu machen.

Restaurants schossen aus dem Boden, Straßen und andere Infrastrukturen wurden für den Tourismus gebaut. Schließlich wurde auch Elba vom Massentourismus überflutet.

Unter diesem Gesichtspunkt dagegen ist die Insel Montecristo unberührt geblieben. Sie ist Naturschutzgebiet. Die Pflanzen- und Tierwelt ist so intakt wie an jenem Tag des Jahres 1829, an dem sich der Schriftsteller Alexandre Dumas seinen Edmont Dantès vorstellt, der die Grotte mit dem verborgenen Schatz sucht und »sich von Zeit zu Zeit umschaut, um seine Gefährten tausend Fuß unter sich zu sehen«. Die Insel ist ein einziger Granitfels, dessen drei Gipfel aus dem Grün der Macchia herausragen. Auf dem höchsten Gipfel befinden sich noch die Ruinen einer Festungsanlage der Herren von Piombino. Im Nordosten stehen die Ruinen der Klöster San Salvatore und San Massimiliano. Nach der Legende, die auch Dumas inspirierte, bewachten die Camaldulensermönche riesige vergrabene Reichtümer eines Kardinals. Etwas Wahres muß daran gewesen sein, denn der türkische Korsar Dragut überfiel die Insel siebenmal und suchte vergeblich nach diesem Schatz, so daß die Mönche 1553 auf das Festland fliehen mußten. Ein seltsamer Zufall hat es so gewollt, daß das heute unberührbare Naturreservat einst Jagdgebiet von König Vittorio Emanuele II war, der hier mit seinen Hofleuten Tausende von Tieren erlegte. Davor wurde die Insel auch als Strafkolonie genutzt, da man kaum von ihr fliehen kann. Die 16 Kilometer lange Küste, die überall steil ins Meer abfällt, kann nur von einer Stelle, der Cala Maestra, aus überwunden werden. Diese ist zudem sehr einfach zu überwachen.

Die Insel Pianosa bietet neue Verzauberungen. Von den abfallenden wilden Felsen Montecristos kommt man zu einer das Meer kaum überragenden Ebene. Dieser Beschaffenheit verdankt die einzige flache Insel der Inselgruppe ihren Namen. Schon die Römer hatten die Insel daher ›Planasia‹ genannt. Die Landschaft mit ihren bearbeiteten Feldern, ihren Weinstöcken, Kornfeldern, Olivenbäumen, Kakteen und Asphodillen ist so heiter wie ihre Geschichte grausam ist. Augustus schickte seinen Neffen Postumius hierher ins Exil, da er einer Verschwörung verdächtigt wurde. Postumius erhielt als goldenes Gefängnis eine luxuriöse Villa, deren Reste noch zu sehen sind. Dort wurde er kurz darauf von gedungenen Mördern getötet. Zweimal wurde die Bevölkerung der Insel verschleppt: einmal durch die Genuesen und ein anderes Mal durch die Türken unter dem Anführer Kara Mustafa. So blieb die Insel menschenleer, bis sie im letzten Jahrhundert von der italienischen Regierung als Strafkolonie genutzt wurde.

Auf der Insel Capraia kehrt das Bild der Felsen und Abgründe zurück. Die dichte Vegetation kann nicht verdecken, daß die Insel vulkanischen Ursprungs ist. Ihr Name stammt von den wilden Ziegen *(capra),* die die Insel bevölkerten. In Urzeiten, bevor sich die Insel vom Festland trennte, kamen Bären, Hirsche und Wildpferde nach Capraia. Die Liebhaber der Paläontologie haben viele Spuren dieser Tiere gefunden. Aber wie auf Pianosa ist auch der Tourismus auf Capraia durch eine Strafkolonie stark eingeschränkt.

So ähnlich verhält es sich auch mit der nahen Insel Gorgona. Hier ist die Landschaft erstaunlich abwechslungsreich. Im Norden befinden sich hohe, unerreichbare Felsen, im Osten dage-

Ein anderer Blick auf die Küste der Isola del Giglio, deren Grün sich hier bis ans Ufer hinunterzieht. Seit der Antike ist die Insel wegen der Produktion eines starken und duftenden Weines, des Ansonàco, sowie wegen des Wildreichtums berühmt. Noch heute findet man viele Hasen, Rebhühner und Waldschnepfen. Vor dieser Küste zerstörte die Flotte Kaiser Friedrichs II. die Genueser Schiffe, welche die von Papst Gregor IX. zum Konzil gegen den Kaiser einberufenen Bischöfe beförderten.

Das Focardo-Fort in Porto Azzurro an der Ostküste der Insel Elba, gegenüber dem Festland mit dem engen Golf von Mola vor Augen. Die Festung liegt auf der rechten Seite, während ein anderer Felsen, San Giacomo genannt, sich auf der linken Seite befindet. Man sagt, daß das Fort den Namen ›Focardo‹ bekommen hat, weil man auf seinen Türmen Feuer anzündete, die so als Leuchttürme für die Seefahrer dienten. Der wuchtige Bau wurde 1678 von den Spaniern errrichtet, um die eigene Herrschaft über die Insel zu verfestigen, die vom französischen Expansionismus bedroht war.

gen niedrige und weiche von Pinien, Olivenbäumen, Zypressen, Eichen und Kastanienbäumen bedeckte Hügel. Schon vor dem Jahr 1000 brachten die Benediktiner diese Pflanzen hierher mit, als sie sich in einigen Klöstern, deren Reste noch stehen, auf diese Insel zurückzogen. Schon zur Zeit der Phönizier, die Gorgona ›Urgon‹ nannten, blühte die Wirtschaft der Insel. Unter den Etruskern und den Römern erlebte sie dann wegen ihres Handels über das Meer eine Glanzzeit. Im 8. Jahrhundert n. Chr. landete hier feierlich der Langobardenkönig Desiderius, um die Leiche der hl. Julia, die drei Jahrhunderte zuvor in Korsika den Märtyrertod erlitten hatte, nach Brescia zu transportieren. Man behauptet, daß die Leiche besonders gut erhalten war.

Auf die Isola del Giglio gelangt man von Porto Santo Stefano aus in einer Stunde mit dem Motorboot: eine langsame Annäherung an eine Sinfonie von Formen und Farben, die sowohl heitere als auch düstere Empfindungen hervorrufen. Das Profil der Insel ist das eines Berges, und die Küste scheint felsig zu sein. Wenn man sich ihr aber nähert, entdeckt man stille Buchten mit flachen und intimen Sandstränden, wie L'Arenella, Canelle und Porto Giglio. Befindet man sich einmal auf der Insel und bewegt sich nach Nordwesten, so erreicht man den noch größeren und eindrucksvolleren Strand von Campese. Die Isola del Giglio hat verschiedene Vorzüge: Das Klima ist außerordentlich mild; die Temperatur fällt im Winter nie unter 0 °C, und übersteigt im Sommer nie 25 °C. Die Vegetation ist üppig; es wachsen Pinien, Kastanien-, Oliven- und Feigenbäume sowie Steineichen. Reichhaltig ist auch die Tierwelt: Hasen, Kaninchen, Rebhühner und Waldschnepfen leben hier. Fast aus Respekt vor der Schönheit der Insel ist das einzige Reptil – die Coluber viridiflavus, eine Schlangenart – noch nicht einmal giftig.

In römischer Zeit verbrachte die Familie der Enobarbi, die Vorfahren von Kaiser Nero, auf der Insel Giglio ihre Ferien. Die Villa der Familie ist noch in Teilen erhalten. Später siedelten sich Mönche aus Nordeuropa und Feudalherren aus Rom, Perugia und Florenz hier an. Schließlich wurde die Insel von Alfons von Aragon besetzt und 1544 von dem legendären Piraten Khair-ad-Din geplündert, der alle 700 Einwohner als Sklaven verschleppte. Zeugnisse dieser Jahrhunderte sind die mittelalterlichen Mauern, die Wachtürme und die geheimnisvollen Gassen des befestigten Ortes Giglio Castello.

Giannutris Geschichte wiederholt im Kleinen mit demselben Reiz die Eigenschaften und die Ereignisse der Isola del Giglio, von der sie nur wenige Meilen nördlich entfernt liegt. Die Erhebungen sind niedriger, und die Küste besitzt nur zwei Kieselstrände: die Cala Maestra und die Cala dello Spogliatoio. An dem einen Strand bewundert man die Ruinen der römischen Docks, an dem anderen die römische Hafenanlage. Rom besaß hier einen Marinestützpunkt von einer gewissen Bedeutung. Wenn man von der Cala Maestra die Klippen hinaufsteigt, entdeckt man weitere Überreste aus römischer Zeit: Zisternen, Thermen, Garnisonsgebäude, Unterkünfte der Sklaven und eine wunderschöne Villa, ebenfalls von der Familie der Enobarbi. Darin glänzen wertvolle Mosaiken, im Park erheben sich helle Marmorsäulen und über allem liegt der betäubende Duft wilder Pflanzen.

Der Hafen von Capraia. Der herbe Charakter der Insel und die Anwesenheit der Strafkolonie, die eine Ministerialerlaubnis für Besucher erfordert, raten eher zu einer Bootsfahrt um die Insel. Vom Meer aus ist es auch möglich, die vielen Grotten zu entdecken, die sich in den herabstürzenden Felswänden öffnen: in einigen lebten bis vor wenigen Jahren noch Seehunde.

Ein weiteres der toscanischen Inselchen: Palmaiola in der Nähe der Küste Elbas. Das einzige Gebäude auf der Spitze der Insel beherbergt einen Leuchtturm. Die Schiffahrt, heute fast ausschließlich touristisch, war bis zum Zweiten Weltkrieg in erster Linie wirtschaftlicher Natur. Vor allem die Genuesen importierten Wein und Kork auf Segelschiffen, die bis zu Beginn der dreißiger Jahre in Betrieb blieben, während den Kohle- und später Dieselschiffen der Eisentransport vorbehalten war.

Die kleine Insel Lo Scoglietto liegt vor dem Forte della Stella in Portoferraio. Die Festung wurde 1548 von Cosimo de' Medici gebaut. Dieser hatte gerade den Hafen »mit zwei Meilen Land« von Giacomo IV Appiano erworben. Wenige Jahre später räumte Cosimo den Bewohnern besondere Steuererleichterungen ein, mit dem Ziel, die Stadt zu bevölkern. Portoferraio wurde das Zentrum florentinischer Machtausübung auf der Insel. Ab 1571 war Portoferraio Hauptstützpunkt der großherzoglichen Flotte, 1814 wurde es Hauptstadt des winzigen, Napoleon zugeteilten Staates.

Das Hafenbecken von Portoferraio. Oben links sieht man die eindrucksvollen Umrisse des Forte della Stella, so genannt wegen der fünfeckigen Form seiner Mauern. Es wurde zwischen 1540 und 1548 errichtet. Einer der Türme wurde dann für die Schiffe zu einem Leuchtturm umgebaut. Nach Portoferraio wurde Napoleon vom 4. Mai 1814 bis zum 26. Februar 1815 verbannt, bevor er für eine letzte Revanche nach Frankreich zurückkehrte und dann seine endgültige Niederlage erlebte.

Porto Azzurro an der südöstlichen Küste Elbas. Der Name wurde zu faschistischer Zeit erfunden, um das dustere Bild des Ortes zu erneuern, der den Italienern unter dem Namen Porto Longone bekannt war. Porto Langone war eine Art Alcatraz des Mittelmeeres. Eine Strafanstalt ist hier bis heute geblieben, sie hat aber Modellcharakter, da die Gefangenen über eine eigene Werkstatt verfügen. Mit dem Verdienst der Werkstatt werden Restaurations- und Modernisierungsarbeiten der Zellen durchgeführt, die zum Beispiel die ersten mit Toiletteneinrichtungen in Italien waren.

Die Insel Capraia – eine schwindelerregende Aufnahme. Oben links sieht man den befestigten Wachturm, der von den Genuesen errichtet wurde. Rechts hingegen liegt die Fortezza di San Giorgio, die wir auf dem Foto der nächsten Seite aus der Nähe sehen. Wer in dem kleinen Hafen ankommt, kann mit einem Postbus das Dorf erreichen, das auf der Spitze der Insel liegt. Vom Piazzale Bellavista erfreut man sich des prächtigen Panoramas der Insel Elba und bei klarer Fernsicht auch der Insel Montecristo.

Nochmals Capraia aus der Luft, in einer Nahaufnahme. Hierauf erkennt man die von den Genuesen erbaute Festung besser, die 90 Meter über dem Meeresboden liegt. Der Bau der mächtigen Ecktürme wurde von den steil abfallenden Felsen begünstigt, die schon an sich einen natürlichen Schutz vor Angreifern bieten: insbesondere vor den Sarazenen, die sich um das Jahr 1000 der Insel bemächtigt hatten. Kurz darauf konnten sie in einer heftigen Schlacht von der Marineinfanterie der Republik Pisa wieder verjagt werden.

Ein charakteristischer Ausschnitt der Isola del Giglio, die sich – nur 14 Kilometer Luftlinie vom Argentario-Massiv entfernt – an der Grenze zwischen Toscana und Latium befindet. Trotz der starken Winde und des geringen Niederschlages wächst die Mittelmeer-Macchia auf den Felsen üppig und taucht die eindrucksvolle Landschaft in ein schimmerndes Grün. An dieser Stelle ähnelt die Landschaft einer Schildkröte, die Kopf und Fuß ausstreckt.

Noch ein Ausschnitt der Isola del Giglio beim Flug über die Torre del Campese, einen antiken Wachturm. Zu den Vorzügen der Insel gehören für die Liebhaber des Meeres kleine Strände mit feinem Sand, wie man rechts im Foto sieht, aber auch tiefes und klares Wasser, das man nur an einem Felsstrand findet. Dieser Felsen ist übrigens sogar barfuß begehbar.

Dieser Fels heißt ›dello sparviero‹ (Sperberfels). Er befindet sich im Golf von Follonica, vor Punta Ala und Castiglione della Pescaia. Auch auf diesem von der unerbittlichen Sonne ausgetrockneten Fels gab es einen Wachturm. Von hier aus wachten die Küstenbewohner Tag und Nacht über die Gefahr eines Saranzenenangriffs.

Im Gegensatz zu Pianosa ist die Insel Montecristo voller steil abfallender Erhebungen: die höchste ist mit 645 Metern die der Fortezza. Nach der Legende flüchtete der hl. Mamilian, Bischof von Palermo, auf diese Insel, um der Verfolgung durch die Vandalen zu entrinnen. 1852 wurde sie von dem reichen Engländer Taylor gekauft, der einige Arbeiten durchführen ließ, die aber bald wieder unterbrochen wurden. In Staatsbesitz übergegangen, ist Montecristo heute Naturreservat.

Rechts sieht man die Insel Gorgona, die nördlichste der toscanischen Inselgruppe, 37 Kilometer von Livorno entfernt. In den ersten christlichen Jahrhunderten wurde sie von Mönchen bewohnt, die aus verschiedenen Gegenden des Mittelmeeres kamen und hier den Verfolgungen entgangen sind. Im Jahr 1400 kam die Insel in den Besitz der Medici, die darauf große Verteidigungsanlagen errichteten. Auf dem Foto oben sieht man die imposante Festung der Medici. Im Vordergrund sind typische Terrassen zu sehen, die von Benediktinern angelegt wurden, um so Anbauflächen zu gewinnen.

KARTE DER TOSCANA MIT DEN ABGEBILDETEN ORTEN

LITERATUR

AUSWAHL

Aigner, Claudia / Henkel, Karl *Toscana.* Köln, 1991

Bödefeld, Gerda / Hinz, Berthold *Die Villen der Toscana und ihre Gärten.* Köln, 1991

Brilli, Attilio *Reisen in Italien. Die Kulturgeschichte der klassischen Italienreise.* Köln, 1989

Braunfels, Wolfgang *Mittelalterliche Stadtbaukunst in der Toskana.* Berlin, 1953

Burckhardt, Jacob *Die Kultur der Renaissance in Italien.* 1860, Neuausgabe Stuttgart, 1960

Burke, Peter *Die Renaissance in Italien. Sozialgeschichte einer Kultur zwischen Tradition und Erfindung.* Berlin, 1984

Goez, Werner *Geschichte Italiens in Mittelalter und Renaissance. Grundzüge.* Darmstadt, 1988

Guida d'Italia del Touring Club Italiano, Toscana. Mailand, 1985

Heilmann, My *Florenz und die Medici. Die Geschichte eines Patriziergeschlechts der Renaissance.* Köln, 1985

Hess, Robert / Paschinger, Elfriede *Das etruskische Italien.* Köln, 1986

Hootz, Reinhardt (Hrsg.) *Kunstdenkmäler in Italien. Toscana.* Text von Heinz Schomann, Fotos von Volker Rödel. Darmstadt, 1990

Kammerer, Peter / Krippendorf, Ekkehardt *Reisebuch Italien. Über das Lesen von Landschaften und Städten.* Berlin, 1990

Keller, Harald *Die Kunstlandschaften Italiens.* München, 1965

Ligges, Wulf *Toscana. Bilder einer Landschaft.* Köln, 1981

Lill, Rudolf *Geschichte Italiens in der Neuzeit.* Darmstadt, 1988

Lucas-Dubreton, Jean *So lebten die Florentiner zur Zeit der Medici.* Stuttgart, 1961

Maurer, Doris und Arnold *Literarischer Führer durch Italien.* Frankfurt am Main, 1988

Nenzel, Nana Claudia *Richtig reisen: Toscana.* Köln, 1986

Pleticha, Heinrich / Müller, Wolfgang *Die Toskana. Spurensuche im Land der Etrusker, Dantes und der Medici.* Freiburg, 1990

Rother, Frank und Almut *Elba. Ferieninsel im Tyrrhenischen Meer.* Köln, 1989

Salmi, Mario *Romanische Kirchen in der Toskana.* Nürnberg, 1961

Salvini, Roberto / Borsig, Arnold von *Toscana. Unbekannte romanische Kirchen.* München, 1973

Stützer, Herbert Alexander *Die Etrusker und ihre Welt.* Köln, 1975

Stützer, Herbert Alexander *Die Italienische Renaissance.* Köln, 1977

Zimmermanns, Klaus *Florenz. Ein europäisches Zentrum der Kunst.* Köln, 1984

Zimmermanns, Klaus *Toscana. Das Hügelland und die historischen Stadtzentren.* Köln, 1980

Chiusi im südlichen Chiana-Tal. Die städtebauliche Struktur von Chiusi zeigt nur teilweise noch Spuren der ursprünglichen Stadtanlage; glänzende Zeugnisse der etruskischen Geschichte befinden sich im Museo Nazionale und in den Nekropolen außerhalb der Stadt.

DANK

Guido Alberto Rossi dankt Kommandant Enzo Bianchini, dem Piloten, der ihm die Realisierung der Fotos ermöglichte, und Gianluigi Scarfiotti, dem langjährigen Freund und hervorragenden Führer, der ihm Gastfreundschaft gewährte und ihn zu bezaubernden Orten der Toscana führte.

Alle Fotos wurden mit Genehmigung der SMA Nr. 0071 vom 21. 01. 1990 und Nr. 0773 vom 03. 07. 1991 veröffentlicht.